双元制本土化项目成果教材

校企合作
产教融合型课程改革教材

铁路线路养护与维修

主　编　◎　孙进强　　陈玉洁
副主编　◎　王志博　　钟光容
　　　　　　芦玉强　　关金东

同济大学出版社
·上海·

内容提要

本书通过对铁路线路工作岗位的分析,提取典型工作任务,开发了以任务资讯、制订计划、作业准备、操作实施和技术移交"五步法"为行为导向教学的工作页,主要内容包括线路检查、基本作业、钢轨作业、道岔作业、无缝线路作业、连接零件作业和动基础作业方面的知识。工作页与学科知识模块相结合,形成了"知识库+工作页"的工作过程系统化的课程教材,并将工作环境与学习环境有机结合,实现了理论知识、实践技能和综合职业能力的多维整合。

本书可用作高等职业院校铁道工程技术等相关专业教材,也可作为铁路工务系统培养技能型人才的参考用书。

图书在版编目(CIP)数据

铁路线路养护与维修 / 孙进强,陈玉洁主编;王志博等副主编. -- 上海:同济大学出版社,2025.1.
ISBN 978-7-5765-1450-6

I. U216.42

中国国家版本馆 CIP 数据核字第 2024R85P41 号

铁路线路养护与维修

主 编 孙进强 陈玉洁　**副主编** 王志博 钟光容 芦玉强 关金东
策划编辑 府晓辉　**责任编辑** 屈斯诗　**助理编辑** 阮璐瑶　**责任校对** 徐逢乔　**封面设计** 渲彩轩

出版发行	同济大学出版社　www.tongjipress.com.cn	
	(地址:上海市四平路1239号　邮编:200092　电话:021-65985622)	
经　销	全国各地新华书店	
印　刷	苏州市古得堡数码印刷有限公司	
开　本	787mm×1092mm　1/16	
印　张	16.5	
字　数	371 000	
版　次	2025年1月第1版	
印　次	2025年1月第1次印刷	
书　号	ISBN 978-7-5765-1450-6	
定　价	68.00元	

本书若有印装质量问题,请向本社发行部调换　　　　版权所有　侵权必究

编委会

主　　编　孙进强　陈玉洁

副主编　王志博　钟光容　芦玉强　关金东

参　　编　魏国伟　郭琼田　王　宏　余　乐

主　　审　蔡　跃

前　言

《铁路线路养护与维修》是由重庆交通职业学院与重庆渝交测绘技术有限公司合作，基于渝交测绘·工程测量技术人才跨企业培训中心开发的双元制本土化学习领域课程改革的教材，体现了校企合作和产教融合的理念。本书以"项目导向、任务驱动"为架构、以完成典型工作任务为目标，以任务、设备、案例、现场作业为载体，基于满足铁道工程技术专业高级技能型人才需求，按照新形态教材理念进行编写，通过对铁路线路工作岗位的分析，提取典型工作任务，开发了以任务资讯、制订计划、作业准备、操作实施和技术移交"五步法"为行为导向教学的工作页。

本书以技能训练工单的形式编写，对铁路养护与维修进行全面、系统的描述，配套大量数字化资源。通过学习这门课程，学生可以掌握目前常见铁路作业内容，包括病害判识、作业防护、线路设备检查、普速铁路基本作业、各类表单填写等内容。案例及实操训练的引入在实现学生技术技能及职业能力培养的同时，进一步提升学生对吃苦耐劳、精益求精等工匠精神的认知。

本书的独特之处在于它不仅是学校的智慧结晶，更是校企深度合作的产物。重庆交通职业学院携手重庆渝交测绘技术有限公司，通过渝交测绘·工程测量技术人才跨企业培训中心平台，校企合作双元开发，教学内容和现场实际工作紧密结合，针对知识点配备微课、动画、视频等丰富的教学资源，并融入课程思政元素，具有内容新、实用性强的特点。我们希望本书能够成为学生学习的指南和工具，通过学习这门课程，学生可以掌握铁路养护与维修的基本流程，培养创新精神，为我国铁路行业的发展贡献自己的力量。同时，我们也希望本书能够为全国范围内的高等院校提供借鉴与参考。通过校企合作，结合本土产业，开发符合实际需要的本土化教材，是当前教育改革的一个重要方向。我们愿意与各位同仁分享多年的经验和教训，共同促进教育事业的繁荣与进步。

本书由重庆交通职业学院路桥与建筑学院孙进强、陈玉洁担任主编，由王志博、钟光容、芦玉强、关金东（中国铁路沈阳局集团有限公司通化工务段）担任副主编，由魏国伟、郭琼田、王宏、余乐担任参编，由同济大学蔡跃担任主审。全书由孙进强负责统稿，由魏国伟、关金东负责任务评价标准的制定。

在编写过程中，编者参阅大量的文献资料，在此向书末参考文献及有关参考资料的作者们一并致以诚挚的敬意。

由于编者学术水平和实践经验有限,书中难免存在疏漏及不妥之处,恳请广大读者和同行朋友提出宝贵的意见并予以批评指正。

编 者

2025 年 1 月

目 录

前　言　001

模块一　线路检查　001

情景 1　手工检查钢轨　001
情景 2　直线检查　015
情景 3　曲线检查　027
情景 4　道岔检查　037
情景 5　无缝线路检查　050

模块二　基本作业　065

情景 1　起道作业　065
情景 2　拨道作业　074
情景 3　改道作业　086
情景 4　捣固作业　095
情景 5　垫板修正作业　105

模块三　钢轨作业　115

情景 1　单根钢轨换轨作业　115
情景 2　调整轨缝作业　126

情景 3　钢轨打磨作业　137
情景 4　钢轨铝热焊焊接作业　147

模块四　道岔作业　159

情景 1　道岔综合整治作业　159
情景 2　更换道岔轨件作业　170

模块五　无缝线路作业　181

情景 1　应力放散作业　181
情景 2　应力调整作业　194

模块六　连接零件作业　205

情景 1　螺栓涂油作业　205
情景 2　更换接头夹板作业　215

模块七　动基础作业　229

情景 1　单根轨枕更换作业　229
情景 2　线路清筛及换砟作业　241

参考文献　252

模块一
线路检查

情景 1　手工检查钢轨

情 景 导 引

2013 年 1 月 14 日 6 时 46 分，××线上行 ××—×× 南区间 K530+350 m 处钢轨折断。折断钢轨为右股，断缝拉开 18 mm。经检查，钢轨断口为垂直折断，断轨处内侧轨底有一长 40 mm、宽 5 mm、深 1 mm 的机械伤损，轨底角有直径 11 mm 的核伤。断轨地段线路无翻浆、空吊，几何尺寸良好，扣压力符合规定，现场无爬行迹象。初步判断该处钢轨折断因机械伤损诱发轨底角核伤所致，并且近期昼夜温差较大（8 时 10 分实测轨温为 −15 ℃），在列车的冲击下产生脆断。轨底角核伤是钢轨超声波探伤仪检查的盲区，因此在钢轨探伤作业中，为了能够对钢轨进行更加全面的检查，需要仪器与手工检查相结合，才可以保证探伤作业质量。

手工检查钢轨和辙叉是无损检测的一种重要手段。尤其冬季温度低、温差大，伤损发展快，运用手工检查手段不仅能缩短检测周期，还能堵漏防断，所以在发挥仪器探伤作用的同时，广泛辅之以手工探伤是工务部门过冬"防三折"的关键。

学 习 情 景

任务描述

由于机车车辆的动力作用、自然环境和钢轨本身的质量等原因，钢轨经常发生裂纹、折断和磨耗等现象。钢轨伤损严重影响行车的安全。某地区钢轨轨面有"白光"扩大，且"白光"中又有暗光的现象。为了保证线路平顺，确保行车安全，需要对此处铁路线路进行手工检查。

学习目标

【知识目标】

1. 掌握手工检查钢轨的作业安全要求。

2. 掌握手工检查钢轨的方法。

3. 掌握手工检查钢轨的规范要求。

【能力目标】

1. 正确选取手工检查钢轨的仪器。

2. 小组按作业安全要求合作完成手工检查钢轨任务。

3. 正确填报检查记录表,按规定进行任务的销记。

【素质目标】

1. 具有健全的体魄、良好的心理素质、科学严谨的态度。

2. 具有良好职业道德、遵纪守法、爱岗敬业、吃苦耐劳、团队协作、不断学习的精神。

3. 具有较强的安全意识。

4. 具有严格按照相关规范操作的意识。

任 务 资 讯

表 1-1-1　派工单

接收人		编制		审核		日期	
使用车间名称				线名		行别	
盯岗干部				作业等级		天窗类型	
作业负责人		驻站联络员		现场防护员		远端防护员	
作业人员						合计	
其他人员							
防洪呼叫点				G网手机号			
施工(维修)安排	作业项目			工作量配置			
	车站或区间			计划出乘时间			
	封锁里程			计划封锁时间			
班会前结束人员签到	作业负责人			作业结束下道前作业负责人清点人员			
	驻站联络员						
	现场防护员						
	作业人员						
	车间盯岗干部						
作业完成情况总结							

（问题引导）

问题1：简述钢轨检测周期和要求。

_____

_____

问题2：简述手工检查钢轨上线凭据。

_____

_____

问题3：钢轨的重点检测部位有哪些？

_____

_____

小提示 Tips

1. 看

（1）看轨面白光带是否扩大：若钢轨内部有伤，则轨面白光带向外扩大。

（2）看白光带中有无暗光或黑线：当内部有垂直纵向裂纹时，扩大的白光带中会出现暗光，若裂纹发展至轨面，则表现为黑线。

（3）看轨头是否肥大：若钢轨头部发生裂纹，则该处轨头必然肥大。

（4）看轨头是否下垂：当轨头垂直纵向裂纹、水平纵向裂纹等伤损严重时，该处会出现下垂。

（5）看轨头侧面有无锈线：若白光带扩大，则其中含有黑线，应详查轨侧，如有锈线，则判为伤轨。

（6）看腹部有无鼓包或变形：跪伏在轨道上，若发现腹部存在鼓包和变形，则为伤轨。

2. 敲

要领：面向钢轨蹲稳，小锤端平持稳，锤头高出轨 50~80 mm，落锤处应在钢轨踏面上。手持锤把，拇指与食指握紧，其余三指扶持，松紧自如，手腕一松，锤自由落下，平敲钢轨踏面，每次敲打起锤高度一致。

（1）眼看、耳听、手触法：若小锤弹跳 2~3 次，起跳高度 2~3 mm，甚至不跳动，且同时发音破浊不清，回音不长或突然终止，则为伤轨。

（2）砂砾实验法：检查中遇到不易判断的伤损，可将砂砾、硬币等放在踏面上，若锤击时出现砂砾跳起、硬币掉落等现象，则为伤轨。

（3）手指感觉法：发现伤轨难以判断时，可将手指放在锤击点附近，若感觉到震动且手指感觉发麻，则为伤轨。

（4）粉笔实验法：用粉笔涂满可疑轨面，若列车经过后留有痕迹，则为伤轨。

3. 照

用于检查轨缝内钢轨腹部螺孔，检查时可将镜子放在轨底下，从轨缝向上反光，也可将小镜放在胸前，迎着阳光，借反射光观察轨缝或螺孔是否有裂纹。

4. 卸

若用看、敲、照等方法检查后，仍不能判断接头处钢轨是否确属良好，则应卸下螺栓或打开夹板进行检查确认，确认后应及时上好夹板拧紧螺栓。

5. 钩

由于接头螺栓锈蚀严重，无法卸下，而又无法确认伤损时，可用探伤钩在轨缝、轨腹或端面处缓缓滑动，凭借是否有挂钩感觉进行确认。

制 订 计 划

按照收集资讯和决策过程，制订手工检查计划，计划包括施工准备、操作工艺流程及安全交底，见表1-1-2—表1-1-6。

表1-1-2　工作方案

步骤	工作内容	负责人

表1-1-3　工具、耗材和器材清单

序号	名称	型号与规格	单位	数量	备注

表 1-1-4　人员分工

班级：	组号：	指导老师：	组长：
组员：			

任务分工	人员类型	人员数量	人员姓名
人员总计			

表 1-1-5　工时计划

作业流程	计划工时	实际工时	工时偏差
合计			

表 1-1-6　成本核算

序号	名称	数量	单价	小计
1				
2				
3				
4				
5				
合计				

模块一　线路检查

作 业 准 备

1. 点名与分工确认

表 1-1-7　点名确认表

序号	人员类型	作业职责	签字
1			
2			
3			
4			
备注		施工（作业）负责人确认无误□	

2. 安全预想

表 1-1-8　风险卡控

序号	主要风险点	卡控措施

3. 工机具检查

表 1-1-9　机具点检

机具名称	数量	是否无误	备注
		□	
		□	
		□	
		□	
		□	
	施工（作业）负责人确认无误□		

操 作 实 施

1. 作业任务

分组完成铁路手工检查钢轨作业，严格执行《铁路安全管理条例》（以下简称《安规》）、《普速铁路工务安全规则》（铁工电〔2023〕54号）及国铁集团相关安全文件的各项要求，落实有效的防护措施。

2. 参照作业

微课　手工检查钢轨作业

3. 实操记录表

表 1-1-10　实操记录表

作业范围			记录时间		作业内容		
开始时间			线路类型		作业小组		
完成时间							
左股	钢轨编号	伤损状态	备注	钢轨编号	伤损状态	备注	记录人员	
				右股				
							核查人员	
							作业负责人	
是否符合作业要求□								

小提示 Tips

1. 钢轨伤损状态描述

表 1-1-11　钢轨伤损状态描述

第一位数字	第二位数字	第三位数字	第四位数字	第五位数字
伤损在钢轨长度上的位置	伤损在钢轨横截面上的位置	伤损状态	伤损状态的细化	伤损程度
0—钢轨全长范围（或全长的大部分）； 1—轨身的局部区域；	0—整个钢轨截面或外表面； 1—轨头表面（踏面、轨距角、轨头侧面）；	0—弯曲变形； 1—磨耗、压溃、压陷（或凹陷）；	0—没有细化； 1—曲线上股轨头磨耗超限；	1—不到轻伤；

续表

第一位数字	第二位数字	第三位数字	第四位数字	第五位数字
伤损在钢轨长度上的位置	伤损在钢轨横截面上的位置	伤损状态	伤损状态的细化	伤损程度
2—夹板接头（轨端、螺栓孔和夹板长度范围内的钢轨）区域； 3—焊补区域； 4—接续线焊接区域； 5—闪光焊接头（含电极灼伤部位）； 6—铝热焊接头； 7—气压焊接头； 8—其他形式焊接的焊缝和热影响区	2—轨头内部； 3—轨头下颚； 4—轨腰； 5—栓孔； 6—轨底（轨底下表面、轨底边缘或轨底角侧面）	2—波浪磨耗； 3—接触疲劳裂纹（剥离裂纹）及其引起的掉块和疲劳断裂； 4—内部裂纹或内部缺陷（白点、夹杂物、成分偏析、淬火缺陷、焊接缺陷、焊补缺陷等）及其引起的疲劳断裂； 5—表面缺陷及其引起的疲劳断裂； 6—外伤（擦伤、磁伤等）及其引起的疲劳断裂； 7—锈蚀及其引起的疲劳断裂； 8—没有明显疲劳裂纹的脆性断裂； 9—其他	2—曲线下股轨头全长压溃和辗边； 3—直线钢轨交替不均匀侧面磨耗； 4—轨距角处鱼鳞状剥离裂纹、掉块和疲劳断裂； 5—轨头踏面处斜线状裂纹、局部凹陷和疲劳断裂； 6—曲线下股轨头踏面剥离裂纹和浅层剥离掉块	2—轻伤； 3—重伤； 4—折断

2. 钢轨伤损标记

表 1-1-12　钢轨伤损标记

伤损种类	伤损范围及标记		说明
	连续伤损	一点伤损	
轻伤	|←△→|	↑△	用白色油漆作标记
重伤	|←△△△→|	↑△△△	用白色油漆作标记

注：摘自《普速铁路线路修理规则》(TG/GW 102—2019)。

3. 钢轨轻伤和重伤标准

钢轨轻伤和重伤标准见表 1-1-13、表 1-1-14 和表 1-1-15。探伤人员、线路（检查）工长认为钢轨有伤损时，也可判为轻伤或重伤。

表 1-1-13 钢轨轻伤和重伤标准

伤损项目	伤损程度						备注
	轻伤			重伤			
	$v_{max} > 160$ km/h	160 km/h ≥ v_{max} > 120 km/h	v_{max} ≤ 120 km/h	$v_{max} > 160$ km/h	160 km/h ≥ v_{max} > 120 km/h	v_{max} ≤ 120 km/h	
钢轨头部磨耗	磨耗量超过表 1-1-14 所列限度之一者			磨耗量超过表 1-1-15 所列限度之一者			
轨端或轨顶面剥落掉块	长度超过 15 mm 且深度超过 3 mm	长度超过 15 mm 且深度超过 3 mm	长度超过 15 mm 且深度超过 4 mm	长度超过 25 mm 且深度超过 3 mm	长度超过 25 mm 且深度超过 3 mm	长度超过 30 mm 且深度超过 8 mm	
钢轨顶面擦伤	深度超过 0.5 mm	深度超过 0.5 mm	深度超过 1 mm	深度超过 1mm	深度超过 1 mm	深度超过 2 mm	
钢轨低头	超过 1 mm	超过 1.5 mm	超过 3 mm	超过 1.5 mm	超过 2.5 mm	超过 3.5 mm	用 1 m 直尺测量最低处矢度，包括轨端面压伤和磨耗顶面压伤
波浪形磨耗	谷深超过 0.3 mm	谷深超过 0.3 mm	谷深超过 0.5 mm	—	—	—	
钢轨表面裂纹	—	—	—	有	有	有	包括螺孔裂纹、轨头下颚水平裂纹（透锈）、轨腰水平裂纹、轨头纵向裂纹、轨底裂纹等（不含轮轨接触疲劳引起轨顶面或近表面的鱼鳞裂纹）

续表

伤损项目	伤损程度						备注
	轻伤			重伤			
	$v_{max} > 160$ km/h	160 km/h ≥ $v_{max} > 120$ km/h	$v_{max} ≤ 120$ km/h	$v_{max} > 160$ km/h	160 km/h ≥ $v_{max} > 120$ km/h	$v_{max} ≤ 120$ km/h	
钢轨内部裂纹	—	—	—	有	有	有	包括核伤（黑核、白核）、钢轨纵向裂纹等
钢轨变形	—	—	—	有	有	有	轨头扩大、轨腰扭曲或鼓包等，经判断或确认内部有暗裂
钢轨锈蚀	—	—	—	经除锈后，轨底厚度不足 8 mm 或轨腰厚度不足 14 mm		经除锈后，轨底厚度不足 5 mm 或轨腰厚度不足 8 mm	

注：摘自《普速铁路线路修理规则》（TG/GW 102—2019）。

表 1-1-14　钢轨头部磨耗轻伤标准

钢轨 (kg/m)	总磨耗（mm）				垂直磨耗（mm）				侧面磨耗（mm）			
	$v_{max} > 160$ km/h 正线	160 km/h ≥ $v_{max} > 120$ km/h 正线	$v_{max} ≤ 120$ km/h 正线及到发线	其他站线	$v_{max} > 160$ km/h 正线	160 km/h ≥ $v_{max} > 120$ km/h 正线	$v_{max} ≤ 120$ km/h 正线及到发线	其他站线	$v_{max} > 160$ km/h 正线	160 km/h ≥ $v_{max} > 120$ km/h 正线	$v_{max} ≤ 120$ km/h 正线及到发线	其他站线
75	9	12	16	18	8	9	10	11	10	12	16	18
75 以下 ~ 60	9	12	14	16	8	9	9	10	10	12	14	16

续表

钢轨(kg/m)	总磨耗(mm)				垂直磨耗(mm)				侧面磨耗(mm)			
	$v_{max}>$160 km/h 正线	160 km/h≥$v_{max}>$120 km/h 正线	v_{max}≤120 km/h 正线及到发线	其他站线	$v_{max}>$160 km/h 正线	160 km/h≥$v_{max}>$120 km/h 正线	v_{max}≤120 km/h 正线及到发线	其他站线	$v_{max}>$160 km/h 正线	160 km/h≥$v_{max}>$120 km/h 正线	v_{max}≤120 km/h 正线及到发线	其他站线
60以下~50	—	—	12	14	—	—	8	9	—	—	12	14
50以下~43	—	—	10	12	—	—	7	8	—	—	10	12
43以下	—	—	9	10	—	—	7	7	—	—	9	11

注：① 总磨耗＝垂直磨耗＋1/2侧面磨耗；
② 垂直磨耗在钢轨顶面宽1/3处（距标准工作边）测量；
③ 侧面磨耗在钢轨踏面（按标准断面）下 16 mm 处测量；
④ 摘自《普速铁路线路修理规则》（TG/GW 102—2019）。

表 1-1-15　钢轨头部磨耗重伤标准

钢轨(kg/m)	垂直磨耗(mm)			侧面磨耗(mm)	
	$v_{max}>$160 km/h 正线	160 km/h≥$v_{max}>$120 km/h 正线	v_{max}≤120km/h 正线、到发线及其他站线	160 km/h≥$v_{max}>$120 km/h 正线	v_{max}≤120 km/h 正线、到发线及其他站线
75	10	11	12	16	21
75以下~60	10	11	12	16	19
60以下~50	—	—	10	—	17
50以下~43	—	—	9	—	15
43以下	—	—	8	—	13

注：摘自《普速铁路线路修理规则》（TG/GW 102—2019）。

4. 钢轨折断标准

钢轨折断是指发生下列情况之一者：

（1）钢轨全截面断裂；

（2）裂纹贯通整个轨头截面；

（3）裂纹贯通整个轨底截面；

（4）允许速度不大于 160 km/h 区段钢轨顶面上有长度大于 50 mm 且深度大于 10 mm 的掉块，允许速度大于 160 km/h 区段钢轨顶面上有长度大于 30 mm 且深度大于 5 mm 的掉块。普通线路和无缝线路缓冲区的重伤和折断钢轨应及时更换。换下的重伤和折断钢轨应有明显的标记，防止再用。无缝线路钢轨重伤和折断，应按《普速铁路线路修理规则》（TG/GW 102—2019）第 4.8.10 条的规定处理。

技 术 移 交

表 1-1-16　项目完成情况记录表

任务项目	关键要点	完成情况
任务资讯	任务单填写	☐
	问题导引解答	☐
制订计划	作业方案制订	☐
	工机具选取	☐
	人员分配	☐
	成本核算	☐
作业准备	安全预想	☐
	人员机具检查	☐
操作实施	作业实施	☐
	作业记录	☐

评 价 反 馈

表 1-1-17　学生自评表

任务	完成情况记录
任务是否按时完成	
相关理论完成情况	

续表

任务	完成情况记录
技能训练情况	
任务完成情况	
任务创新情况	
材料上交情况	
有益的经验和做法	
总结、反思及建议	

表 1-1-18 学生互评表

序号	评价项目	小组互评				
1	任务是否按时完成	5☐	4☐	3☐	2☐	1☐
2	材料完成上交情况	5☐	4☐	3☐	2☐	1☐
3	完成质量	5☐	4☐	3☐	2☐	1☐
4	语言表达能力	5☐	4☐	3☐	2☐	1☐
5	小组成员合作面貌	5☐	4☐	3☐	2☐	1☐
6	创新点	5☐	4☐	3☐	2☐	1☐
7	简要评述					

表 1-1-19 教师评分表

工序	作业步骤	配分	评分标准	扣分	得分
准备工作	1. 确定人数	5	小组点名,根据考勤情况打分。缺勤个人得分为零		
	2. 作业安排及人员分工	5	能合理分配小组作业人员。得分为作业人员正确率×5分基础分,计算至小数点后两位		
	3. 选择作业工机具和材料	15	选择正确的工机具及数量/总计需要选择的工机具及数量×15分基础分,计算至小数点后两位		

续表

工序	作业步骤	配分	评分标准	扣分	得分
现场作业	1. 设置安全防护 2. 能否合理运用看、敲、照、卸等方法对钢轨进行检查 3. 工机具是否正确使用	55	正确步骤的总得分/所有操作步骤的总分×55分基础分,计算至小数点后两位		
验收总结	1. 作业回检	10	根据回检测量情况,判断作业是否正常。判断正确得分,错误不得分		
	2. 回收工机具	10	已回收的工机具材料数量/总计需要选择回收的工机具材料数量×10分基础分,计算至小数点后两位		
	3. 撤除防护	/	/		
	4. 工作总结	/	/		
合计					

表 1-1-20 教师评价表

序号	评价项目	自我评价	互相评价	教师评价	综合评价
1	学习准备				
2	引导问题填写				
3	规范操作				
4	完成质量				
5	关键操作要点掌握				
6	完成速度				
7	参与讨论主动性				
8	沟通协作				
9	待改善环节				

复盘:根据小组作业结果,小组讨论、分析有待改进之处及预防措施。

_____
_____
_____
_____

情景 2　直线检查

情 景 导 引

"7.28"××局货物列车脱轨一般 A 类事故。7 月 28 日 14 时 30 分，10102 次货运列车运行至 ×× 局 ×× 上行 ×× 岭—×× 站间 K375+411 m 处，由于线路存在多处几何尺寸严重超限，多处钢轨掉块，且大机清筛后设备检查不到位，超限处所整修不及时，线路质量存在严重缺陷，导致尾部机车脱轨，脱轨车辆侵入下行线限界，与下行线交会的 ×297 次列车发生侧面冲突，中断下行线 5 小时 24 分、上行线 9 小时 12 分。

学 习 情 景

任务描述

随着铁路线路不断增加，铁路线路检修任务日益繁重。居民出行常选择铁路，这对铁路交通安全、舒适、准点提出了更高的要求，进而对铁路线路的养护要求也在不断提高。因此为了保持线路平顺，确保行车安全，某铁路局计划对所辖 ×× 段 ×× 区段线路进行直线检查。

学习目标

【知识目标】
1. 掌握轨道几何形位。
2. 掌握铁路直线线路静态检查的方法。
3. 掌握铁路直线线路静态检查的规范要求。

【能力目标】
1. 正确选取铁路直线线路静态检查的仪器。
2. 小组按作业安全要求合作完成铁路直线线路静态检查任务。
3. 正确填报检查记录表，按规定进行任务的销记。

【素质目标】
1. 具有健全的体魄、良好的心理素质。
2. 具有开发自身潜能、适应岗位变更、自主创新创业的能力。
3. 具有综合与系统分析能力，能有效获取数据并分析数据。
4. 具有严格按照相关规范操作的意识。

任 务 资 讯

表 1-2-1 派工单

接收人		编制		审核		日期	
使用车间名称				线名		行别	
盯岗干部				作业等级		天窗类型	
作业负责人		驻站联络员		现场防护员		远端防护员	
作业人员						合计	
其他人员							
防洪呼叫点				G网手机号			
施工(维修)安排	作业项目			工作量配置			
	车站或区间			计划出乘时间			
	封锁里程			计划封锁时间			
班会前结束人员签到	作业负责人			作业结束下道前作业负责人清点人员			
	驻站联络员						
	现场防护员						
	作业人员						
	车间盯岗干部						
作业完成情况总结							

【问题引导】

问题1：简述铁路线路几何形位。

_____

_____

问题2：简述铁路直线线路静态检查作业流程。

_____

_____

问题3：简述铁路直线线路静态检查作业周期。

_____

_____

> **小提示 Tips**

1. 作业流程

点名与分工→安全预想→工机具检查→设置防护。

2. 检查周期

正线混凝土枕道岔、混凝土枕或明桥面调节器轨道结构及几何状态每月检查不应少于1次,正线木枕道岔、有碴木枕调节器轨道结构及几何状态每月检查不应少于2次。

3. 线路静态检查

静态检测利用检测工具沿线路逐点进行,包括线路和道岔几何形位检测。线路几何形位检测的主要项目有:轨距(含曲线轨距加宽)、水平(含曲线外超高、线路扭曲或三角坑)、轨向(含曲线圆顺程度)、高低及轨底坡。道岔几何形位的检测项目主要有:道岔各部分轨距、水平、高低、导曲线支距、查照间距、尖轨与基本轨的密贴程度。

沿线路等间距设测点,定期用道尺测量轨距及水平。线路扭曲检测包含于水平检测中,依据扭曲管理的基长(6.25 m或18 m),计算与基长相对应测点间的水平变化率,即为线路扭曲率。高低检测采用10 m弦沿轨顶纵向测量轨面的上拱或下凹正矢,测量时应注意扣除竖曲线的影响。轨向检测中,直线地段应首先目测线路方向,必要时采用10 m弦沿轨头内侧边测量正矢;曲线地段采用20 m弦沿轨头内侧边逐点测量正矢,并与计划正矢比较,判定曲线是否需要整正。

线路几何形位的静态检测有严格的检查体系。以工长半月检查为主,填写"线路几何尺寸检查记录表"和"道岔几何尺寸检查记录表"。辅以重点地段的补充检查、段长及领工员的定期检查、年度春季和秋季普查等。

检查设备时,$v \leq 160$ km/h的线路区段可在天窗点外作业,必须按规定设置好防护,来车时要及时下道;160 km/h $< v \leq 200$ km/h的线路区段必须纳入天窗点内作业。防护人员2人,作业人员不少于1人;夜间作业不少于3人/组。直线线路静态检查要点见表1-2-2。

表1-2-2　直线线路静态检查要点

检查项目	检查要领	检查位置	备注
轨距	道尺必须与钢轨垂直,固定端紧靠一股钢轨内侧,另一端少做移动,取最小读数	每节钢轨长12.5 m及以下的线路,在接头和大腰处各检查1处;每节钢轨长25 m的线路,检查4处,即接头处、大小腰处;无缝线路长钢轨每千米检查160处	万能轨距尺的轨距测量值应标准,水平正反两方向偏差不得大于1 mm且绝缘良好
左右水平	先确定基准轨:①直线区段取里程增大的左股;②曲线地段取内股,读数时手应该离开握把,以减少误差		
前后高低	在大腰处俯身目视找出不良处所,然后用弦线检查量值	由工长全面目测,凭经验判断是否超过临时补修的容许偏差,再用弦线确定	在检查高低时,要考虑弦线挠度,检查洼时加1 mm,检查高时减1 mm
轨向	跨一股钢轨俯身目视找出方向不良位置,然后用弦线检查量值		

制 订 计 划

按照收集资讯和决策过程,制订直线线路几何尺寸检查计划,计划包括施工准备、操作工艺流程及安全交底。

表 1-2-3 工作方案

步骤	工作内容	负责人

表 1-2-4 工具、耗材和器材清单

序号	名称	型号与规格	单位	数量	备注

表 1-2-5 人员分工

班级:	组号:	指导老师:	组长:
组员:			

任务分工	人员类型	人员数量	人员姓名
人员总计			

表 1-2-6　工时计划

作业流程	计划工时	实际工时	工时偏差
合计			

表 1-2-7　成本核算

序号	名称	数量	单价	小计
1				
2				
3				
4				
5				
合计				

作 业 准 备

1. 点名与分工确认

表 1-2-8　点名分工表

序号	人员类型	作业职责	签字
1			
2			
3			
4			
备注		施工（作业）负责人确认无误□	

2. 安全预想

表 1-2-9　风险卡控

序号	主要风险点	卡控措施

3. 工机具检查

表 1-2-10　机具点检

机具名称	数量	是否无误	备注
		□	
		□	
		□	
		□	
		□	
施工（作业）负责人确认无误□			

操 作 实 施

1. 作业任务

分组完成百米直线线路几何尺寸检查，严格执行《安规》《营业线上线作业安全防护管理办法》各项要求，落实有效的防护措施。

2. 参照作业

微课　直线线路静态检查要点

3. 实操记录表

表1-2-11 线路检查记录簿

正线		至		站线		股道		曲线半径			钢轨编号		超高			顺坡率	
检查日期	检查项目		1		2		3		4	
		接头	中间	接头	中间	接头	中间	接头	中间
年 月	轨距									
	水平									
	轨向、高低及其他									
	临时补修内容									
年 月	轨距									
	水平									
	轨向、高低及其他									
	临时补修内容									

模块一 线路检查

小提示 Tips

1. 记录簿填写

设备检查必须形成记录,要保证记录清晰洁净,不得在原有字迹上进行涂改,并严格按照下列格式将检测数据逐项检查填写至线路检查记录簿。

(1)轨距:记录实测值与标准值(1 435 mm)的差值。"+""−"表示轨距偏大或偏小("+"可省略)。

(2)左右水平:基准轨高时为"+",基准轨低时为"−"。

(3)轨向:不用记录"+""−"。

(4)前后高低:高为"+",低为"−"。

(5)普通线路爬行量:①单线:向里程增大处爬行为"+",反之为"−";②双线:向行车运行方向爬行为"+",反之为"−"。

2. 设备检查

下列设备应在相应的轨号处用符号标明:①道口"D";②绝缘接头"I";③异形接头"Y";④保安器"P";⑤曲线:直缓"ZH",缓圆"HY",圆缓"YH",缓直"HZ",直圆"ZY",圆直"YZ",桥头桥尾"QTQW";⑥渡线按照设备图编号填写;⑦直线与曲线连接处基准数发生变化时"B"。

3. 数据分析

进行轨距、水平、三角坑分析时,要严格对照《普速铁路线路修理规则》(TG/GW 102—2019)第 6.2.2 条判断其是否超限。

轨距、左右水平误差超限处应在相应点号下注明(在右下角画"×");三角坑与水平同时超限时,则只分析三角坑。相邻点和隔点三角坑同时超限时,只分析较大的值,同一数据不得重复使用,三角坑超限,在两水平之间画"⌊⌋"。

4. 其他

线路轨道静态几何不平顺容许偏差管理值,混凝土枕地段参见表 1-2-12 的规定,木枕地段参见表 1-2-13 的规定。

表 1-2-12　线路轨道静态几何不平顺容许偏差管理值（混凝土枕线路，mm）

项目		160 km/h < v_{max} 正线				120 km/h < v_{max} ≤ 160 km/h 正线				80 km/h < v_{max} ≤ 120 km/h 正线				v_{max} ≤ 80 km/h 正线及到发线				其他站线			
		作业验收	计划维修	临时补修	限速(160 km/h)	作业验收	计划维修	临时补修	限速(120 km/h)	作业验收	计划维修	临时补修	限速(80 km/h)	作业验收	计划维修	临时补修	限速(45 km/h)	作业验收	计划维修	临时补修	封锁
轨距		+2 / -2	+4 / -3	+6 / -4	+8 / -6	+4 / -2	+6 / -4	+8 / -6	+14 / -7	+6 / -2	+7 / -4	+14 / -7	+16 / -8	+6 / -2	+7 / -4	+16 / -8	+19 / -9	+6 / -2	+9 / -4	+19 / -9	+21 / -10
水平		3	5	8	10	4	6	10	14	4	6	14	17	4	6	17	20	5	8	20	22
高低		3	5	8	11	4	6	11	15	4	6	15	19	4	6	19	22	5	8	22	24
轨向（直线）		3	4	7	9	4	6	9	12	4	6	12	15	4	6	15	18	5	8	18	20
三角坑	缓和曲线	3	4	5	6	4	5	6	7	4	5	7	8	4	6	8	9	5	7	9	10
	直线和圆曲线	3	4	6	8	4	6	8	11	4	6	11	13	4	6	13	15	5	8	15	16

注：①轨距偏差不含曲线上按规定设置的轨距加宽值，但最大轨距（含加宽值和偏差）不得超过 1 456 mm。
②轨向偏差和高低偏差为 10 m 弦测量的最大矢度值。
③三角坑偏差不含曲线超高顺坡造成的扭曲量；检查三角坑时的基长，采用轨道检查仪时为 3 m，采用轨距尺时为 6.25 m，但在延长 18 m 的距离内无超过表列的三角坑。
④段管线，岔线按其他站线办理。
⑤摘自《普速铁路线路修理规则》（TG/GW 102—2019）。

表 1-2-13　线路轨道静态几何不平顺容许偏差管理值（木枕线路，mm）

项目		120 km/h<v_{max}≤160 km/h 正线			80 km/h<v_{max}≤120 km/h 正线			v_{max}≤80 km/h 正线及到发线			其他站线		
		作业验收	计划维修	临时补修	作业验收	计划维修	临时补修	作业验收	计划维修	临时补修	作业验收	计划维修	临时补修
轨距		+4 −2	+6 −4	+8 −4	+6 −2	+7 −4	+8 −4	+6 −2	+8 −4	+9 −4	+6 −2	+9 −4	+10 −4
水平		4	6	8	4	6	9	4	6	10	5	8	11
高低		4	6	8	4	6	9	4	6	10	5	8	11
轨向（直线）		4	6	8	4	6	8	4	6	10	5	8	11
三角坑	缓和曲线	4	5	6	4	5	6	4	6	7	5	7	8
	直线和圆曲线	4	6	8	4	6	8	4	6	9	5	8	10

注：①轨距偏差不含曲线上按规定设置的轨距加宽值，但最大轨距（含加宽值和偏差）不得超过 1 456 mm。
②轨向偏差和高低偏差为 10 m 弦测量的最大矢度值。
③三角坑偏差不含曲线超高顺坡造成的扭曲量；检查三角坑时的基长，采用轨道检查仪应为 3 m，采用轨距尺时为 6.25 m，但在延长 18 m 的距离内无超过表列的三角坑。
④段管线、岔线按其他站线办理。
⑤摘自《普速铁路线路修理规则》（TG/GW 102—2019）。

技 术 移 交

表 1-2-14　项目完成情况记录表

任务项目	关键要点	完成情况
任务资讯	任务单填写	☐
	问题导引解答	☐
制订计划	作业方案制订	☐
	工机具选取	☐
	人员分配	☐
	成本核算	☐
作业准备	安全预想	☐
	人员机具检查	☐
操作实施	作业实施	☐
	作业记录	☐

评 价 反 馈

表 1-2-15　学生自评表

任务	完成情况记录
任务是否按时完成	
相关理论完成情况	
技能训练情况	
任务完成情况	
任务创新情况	
材料上交情况	
有益的经验和做法	
总结、反思及建议	

表 1-2-16　学生互评表

序号	评价项目	小组互评				
1	任务是否按时完成	5□	4□	3□	2□	1□
2	材料完成上交情况	5□	4□	3□	2□	1□
3	完成质量	5□	4□	3□	2□	1□
4	语言表达能力	5□	4□	3□	2□	1□
5	小组成员合作面貌	5□	4□	3□	2□	1□
6	创新点	5□	4□	3□	2□	1□
7	简要评述					

表 1-2-17　教师评分表

工序	作业步骤	配分	评分标准	扣分	得分
准备工作	1. 确定人数	5	小组点名,根据考勤情况打分。缺勤个人得分为零		
	2. 作业安排及人员分工	5	能合理分配小组作业人员。得分为作业人员正确率×5分基础分,计算至小数点后两位		
	3. 选择作业工机具和材料	15	选择正确的工机具及数量/总计需要选择的工机具及数量×15分基础分,计算至小数点后两位		

续表

工序	作业步骤	配分	评分标准	扣分	得分
现场作业	1. 设置安全防护	55	正确步骤的总得分/所有操作步骤的总分×55分基础分,计算至小数点后两位		
	2. 检查轨距				
	3. 检查水平				
	4. 检查高低				
	5. 检查轨向				
验收总结	1. 作业回检	10	根据回检测量情况,判断作业是否正常。判断正确得分,错误不得分		
	2. 回收工机具	10	已回收的工机具材料数量/总计需要选择回收的工机具材料数量×10分基础分,计算至小数点后两位		
	3. 撤除防护	/	/		
	4. 工作总结	/	/		
合计					

表 1-2-18 教师评价表

序号	评价项目	自我评价	互相评价	教师评价	综合评价
1	学习准备				
2	引导问题填写				
3	规范操作				
4	完成质量				
5	关键操作要点掌握				
6	完成速度				
7	参与讨论主动性				
8	沟通协作				
9	待改善环节				

复盘:根据小组作业结果,小组讨论、分析有待改进之处及预防措施。

_____
_____
_____
_____

情景 3　曲线检查

情 景 导 引

"8.7"××集团列车脱轨较大事故。8月7日13时02分,××(集团)公司××线48617次货运列车运行至A站至B站间,由于线路日常养护严重不到位,扣件不密贴达64%,最大离缝4 mm,轨距超线路临时补修允许标准,正矢超经常保养标准,钢轨侧磨达重伤标准,曲线不圆顺,线路框架强度不足,导致机后第14位车辆左侧车轮漏轨,右轮挤压致使钢轨侧翻,造成机后第14～28位车辆脱轨颠覆,中断行车23小时00分。

学 习 情 景

任务描述

在我国铁路线路上,曲线占很大比重,同时曲线又是线路薄弱环节之一。列车在曲线上行驶,由于轨道迫使车体转向,机车车辆对轨道的冲击和磨损要远大于直线线路。不良的曲线方向又会加剧列车的摇摆,增大对轨道的破坏力,形成恶性循环。因此加强曲线养护维修管理,提高曲线的质量,对保证行车安全平稳,延长曲线轨道使用寿命具有重要的意义。因此,为了保证线路平顺,确保行车安全,某铁路局计划对所辖××段××区段线路进行曲线检查。

学习目标

【知识目标】
1. 掌握铁路曲线线路的检测要点。
2. 掌握铁路曲线线路的检测方法。
3. 掌握铁路曲线线路检测的规范要求。

【能力目标】
1. 正确选取铁路曲线线路检测的仪器。
2. 小组按作业安全要求合作完成铁路曲线线路检测任务。
3. 正确填报检查记录表,按规定进行任务的销记。

【素质目标】
1. 具有健全的体魄、良好的心理素质、科学严谨的态度。
2. 具有自我学习的习惯、爱好和能力。

3. 具有较强的沟通协调、情绪调节、环境适应、信息处理、分析总结、组织能力。
4. 具有严格按照相关规范操作的意识。

任 务 资 讯

表 1-3-1　派工单

接收人		编制		审核		日期	
使用车间名称				线名		行别	
盯岗干部				作业等级		天窗类型	
作业负责人		驻站联络员		现场防护员		远端防护员	
作业人员						合计	
其他人员							
防洪呼叫点				G网手机号			
施工(维修)安排		作业项目		工作量配置			
		车站或区间		计划出乘时间			
		封锁里程		计划封锁时间			
班会前结束人员签到		作业负责人		作业结束下道前作业负责人清点人员			
		驻站联络员					
		现场防护员					
		作业人员					
		车间盯岗干部					
作业完成情况总结							

（问题引导）

问题1：简述曲线正矢的定义。

_____
_____
_____

问题2：简述铁路曲线线路检测作业流程。

_____
_____
_____

问题3：简述铁路曲线线路检测作业周期。

_____
_____
_____

小提示 Tips

1. 测量周期

正线、到发线、客车径路曲线及岔后连接曲线正矢检查每季不应少于 1 次,其他线路曲线正矢检查每 6 个月不应少于 1 次。

2. 检测方法

表 1-3-2　检测方法

项目	检测要点
正矢	曲线两端直线轨向不良,应事先拨正;两曲线间直线段较短时,可与两曲线同时拨正
	在外股钢轨上用钢尺丈量,每 10 m 设置 1 个测点(曲线头尾是否在测点上不限)
	在风力较小条件下,拉绳测量每个测点的正矢,测量 3 次,取其平均值
	弦线两端位置和量尺位置必须正确,有肥边应在肥边处测量,肥边大于 2 mm 时应铲除
	测量时,尺在下,弦在上,读数时视线、弦线量尺应保持垂直
付矢	付矢点在两正矢测点中间处
	沿曲线点号增加方向测量曲线时,同一弦先测正矢,再量测点前方付矢
	沿曲线点号减小方向测量曲线时,同一弦先量测点后方付矢,再量正矢量
测量示意	图 1-3-1　正矢测点示意 图 1-3-2　正矢读数示意

制 订 计 划

按照收集资讯和决策过程,制订铁路曲线检查计划,计划包括施工准备、操作工艺流程及安全交底。

表 1-3-3　工作方案

步骤	工作内容	负责人

表 1-3-4　工具、耗材和器材清单

序号	名称	型号与规格	单位	数量	备注

表 1-3-5　人员分工

班级:	组号:	指导老师:	组长:
组员:			
任务分工	人员类型	人员数量	人员姓名
人员总计			

表 1-3-6　工时计划

作业流程	计划工时	实际工时	工时偏差
合计			

表 1-3-7　成本核算

序号	名称	数量	单价	小计
1				
2				
3				
4				
5				
合计				

作 业 准 备

1. 点名与分工确认

表 1-3-8　点名签字表

序号	人员类型	作业职责	签字
1			
2			
3			
4			
备注		施工（作业）负责人确认无误□	

2. 安全预想

表 1-3-9　风险卡控

序号	主要风险点	卡控措施

2. 工机具检查

表 1-3-10　机具点检

机具名称	数量	是否无误	备注
		☐	
		☐	
		☐	
		☐	
		☐	
施工（作业）负责人确认无误☐			

操 作 实 施

1. 作业任务

分组完成曲线线路正矢检查，严格执行《安规》《营业线上线作业安全防护管理办法》各项要求，落实有效的防护措施。

2. 参照作业

微课　曲线检测方法

3. 实操记录表

表 1-3-11 曲线检查记录表

曲线位置：　　　　　　　　　　　　　　　　　　　　　曲线半径：
直缓点位置：　　　　　　　缓和曲线长：　　　　　　　　曲线全长：
缓直点位置：

测点号	计算正矢	年 月 日			年 月 日			备注
		现场正矢	拨道量	拨后正矢	现场正矢	拨道量	拨后正矢	

小提示 Tips

1. 填写要求

（1）曲线正矢与付矢填写实测值。

（2）正线曲线与其他线路曲线检查应分开记录。

（3）缓和曲线的设计正（付）矢必须填全。

（4）圆曲线正矢点在三点及以下时，计算正矢应填全。

（5）圆曲线正矢点在三点以上时，只填写头尾第一个达到圆曲线计算正矢测点的正矢，圆曲线内其他点的计算正矢则不用填写。

（6）若缓和曲线计算正矢和实测正矢之差超限，则在其超限点右下角画"×"。

（7）若圆曲线正矢连续差超限，则在超限两点间用"]"相连。

（8）若圆曲线最大与最小正矢差值超限，则在对应点下面画一条横线。

2. 数据分析

（1）缓和曲线正（付）矢按实测正（付）矢与计划正（付）矢的偏差进行分析。

（2）圆曲线正矢分别对相邻点正矢连续差和圆曲线范围内最大、最小正矢值进行分析。

（3）无缓和曲线的单圆曲线头尾过渡段正矢按实测正矢和计算正矢偏差进行分析，执行对应半径的缓和曲线偏差标准。

3. 正矢布设方法

铁路曲线的缓和曲线一般为 10 m 的整数倍，但圆曲线一般不是 10 m 的整数倍，为了提高曲线的精度,便于计算以及方便现场对曲线拉绳测量,曲线正矢点按照曲线全长向上规整为 10 m 的整数倍对曲线的正矢点进行分中布设,对于缓和曲线不等长的曲线,应先对圆曲线正矢点进行分中布设,确保曲中位置正确。例如:

曲线理论全长为 542.135 m,长度规整为 550 m。

4. 现场正矢

通常采用绳正法检查曲线方向,将弦线两端放在测点上,拉紧并紧贴外股钢轨头部内侧轨面下 16 mm 处,在中间测点处量取弦线至钢轨的距离,即为改测点的现场正矢。

5. 曲线正矢量容许偏差

曲线应保持要素准确及圆顺,用 20 m 弦测量。曲线正矢作业验收容许偏差管理值参见表 1-3-12 的规定。曲线正矢日常保持容许偏差管理值参见表 1-3-13 的规定。

表 1-3-12　曲线正矢作业验收容许偏差管理值

曲线半径 R（m）		缓和曲线的正矢与计算正矢差（mm）	圆曲线正矢连续差（mm）	圆曲线正矢最大最小值差（mm）
$R \leq 250$		6	12	18
$250 < R \leq 350$		5	10	15
$350 < R \leq 450$		4	8	12
$450 < R \leq 800$		3	6	9
$R > 800$	$v_{max} \leq 120$ km/h	3	6	9
	$v_{max} > 120$ km/h	2	4	6

注:①曲线正矢用 20 m 弦在钢轨踏面下 16 mm 处测量;
②摘自《普速铁路线路修理规则》(TG/GW 102—2019)。

表 1-3-13　曲线正矢日常保持容许偏差管理值

曲线半径 R（m）	缓和曲线的正矢与计算正矢差（mm）		圆曲线正矢连续差（mm）		圆曲线正矢最大最小值差（mm）	
	正线及到发线	其他站线	正线及到发线	其他站线	正线及到发线	其他站线
$R \leq 250$	7	8	14	16	21	24
$250 < R \leq 350$	6	7	12	14	18	21
$350 < R \leq 450$	5	6	10	12	15	18
$450 < R \leq 800$	4	5	8	10	12	15
$R > 800$	3	4	6	8	9	12

注:①专用线按其他站线办理;
②摘自《普速铁路线路修理规则》(TG/GW 102—2019)。

在复曲线的大小半径连接处,正矢与计算正矢的容许差,按大半径曲线的缓和曲线规定办理,缓和曲线与直线连接处不得有反弯或"鹅头"。

现场曲线的始终点、缓和曲线长度、曲线全长、曲线半径、实设超高均应与设备图表保持一致。

技 术 移 交

表 1-3-14　项目完成情况表

任务项目	关键要点	完成情况
任务资讯	任务单填写	☐
	问题导引解答	☐
制订计划	作业方案制订	☐
	工机具选取	☐
	人员分配	☐
	成本核算	☐
作业准备	安全预想	☐
	人员机具检查	☐
操作实施	作业实施	☐
	作业记录	☐

评 价 反 馈

表 1-3-15　学生自评表

任务	完成情况记录
任务是否按时完成	
相关理论完成情况	
技能训练情况	
任务完成情况	
任务创新情况	
材料上交情况	
有益的经验和做法	
总结、反思及建议	

表 1-3-16 学生互评表

序号	评价项目	小组互评				
1	任务是否按时完成	5 ☐	4 ☐	3 ☐	2 ☐	1 ☐
2	材料完成上交情况	5 ☐	4 ☐	3 ☐	2 ☐	1 ☐
3	完成质量	5 ☐	4 ☐	3 ☐	2 ☐	1 ☐
4	语言表达能力	5 ☐	4 ☐	3 ☐	2 ☐	1 ☐
5	小组成员合作面貌	5 ☐	4 ☐	3 ☐	2 ☐	1 ☐
6	创新点	5 ☐	4 ☐	3 ☐	2 ☐	1 ☐
7	简要评述					

表 1-3-17 教师评分表

工序	作业步骤	配分	评分标准	扣分	得分
准备工作	1. 确定人数	5	小组点名,根据考勤情况打分。缺勤个人得分为零		
	2. 作业安排及人员分工	5	能合理分配小组作业人员。得分为作业人员正确率×5分基础分,计算至小数点后两位		
	3. 选择作业工机具和材料	15	选择正确的工机具及数量/总计需要选择的工机具及数量×15分基础分,计算至小数点后两位		
现场作业	1. 设置安全防护	55	正确步骤的总得分/所有操作步骤的总分×55分基础分,计算至小数点后两位		
	2. 检查正矢				
	3. 检查付矢				
	4. 正确记录数据				
验收总结	1. 作业回检	10	根据回检测量情况,判断作业是否正常。判断正确得分,错误不得分		
	2. 回收工机具	10	已回收的工机具材料数量/总计需要选择回收的工机具材料数量×10分基础分,计算至小数点后两位		
	3. 撤除防护	/	/		
	4. 工作总结	/	/		
合计					

表 1-3-18 教师评价表

序号	评价项目	自我评价	互相评价	教师评价	综合评价
1	学习准备				
2	引导问题填写				
3	规范操作				
4	完成质量				
5	关键操作要点掌握				
6	完成速度				
7	参与讨论主动性				
8	沟通协作				
9	待改善环节				

复盘：根据小组作业结果，小组讨论、分析有待改进之处及预防措施。

情景 4　道岔检查

情景导引

"7.14"广铁集团公司列车脱轨一般 A 类事故。7 月 14 日 7 时 24 分，广铁集团沪昆线 K492 次客运列车运行至辰溪站 2 号道岔处，机后第 7 位餐车车厢脱轨。事故初步调查发现岔后接头夹板松脱，养护维修存在问题。

道岔检查中，工务段人员应充分运用轨距尺、支距尺、木折尺、螺丝刀、塞尺、钢卷尺、石笔、弦线绳（盒）、钢板尺、检查锤等设备对道岔状态进行检查。首先目测方向和高低；其次，检查几何尺寸，在检查过程中，随时注意检查其他项目；最后检查轮缘槽，无误后撤除防护并进行病害分析。

学习情景

任务描述

道岔是一种使机车车辆从一股道转入另一股道的线路连接设备，也是轨道的薄弱环节之一，通常在车站、编组站大量铺设。为了保证列车安全、平稳和不间断运行，必须通过检查全面掌握道岔设备现状,制订整治计划,及时消除设备病害。为了保持线路平顺,确保行车安全,某铁路局计划对所辖××段××区段混凝土枕 60 kg/m 钢轨 12 号单开道岔进行检查。

学习目标

【知识目标】
1. 了解单开道岔的组成。
2. 掌握单开道岔检查的方法。
3. 掌握单开道岔检查的规范要求。

【能力目标】
1. 正确选取单开道岔检查的仪器。
2. 小组按作业安全要求合作完成混凝土枕 60 kg/m 钢轨 12 号单开道岔检查任务。
3. 正确填报检查记录表,按规定进行任务的销记。

【素质目标】
1. 具有健全的体魄、良好的心理素质。
2. 具有良好职业道德、行业情怀、科学严谨的态度。
3. 具有较强的信息获取和信息分析能力。
4. 具有严格按照相关规范操作的意识。

任 务 资 讯

表 1-4-1　派工单

接收人		编制		审核		日期	
使用车间名称				线名		行别	
盯岗干部				作业等级		天窗类型	
作业负责人		驻站联络员		现场防护员		远端防护员	
作业人员						合计	
其他人员							
防洪呼叫点				G 网手机号			
施工（维修）安排	作业项目			工作量配置			
	车站或区间			计划出乘时间			

续表

施工（维修）安排	封锁里程		计划封锁时间	
班会前结束人员签到	作业负责人		作业结束下道前作业负责人清点人员	
	驻站联络员			
	现场防护员			
	作业人员			
	车间盯岗干部			
作业完成情况总结				

（问题引导）

问题1：简述单开道岔的组成。

_____

_____

_____

问题2：简述单开道岔检查作业流程。

_____

_____

_____

问题3：简述单开道岔检查作业周期。

_____

_____

_____

小提示 Tips

1. 检查周期

正线混凝土枕道岔、混凝土枕或明桥面调节器轨道结构及几何状态每月检查不应少于1次，正线木枕道岔、有砟木枕调节器轨道结构及几何状态每月检查不应少于2次。其中到发线、客车径路道岔检查比照正线道岔检查周期，具体由铁路局集团公司规定。

2. 检测方法

一般作业人数不少于5人，带班1人，负责全面检查并确定工作量，1人配合检查，1人记录，1人现场防护，1人驻站防护。混凝土枕60 kg/m钢轨12号单开道岔检查方法见表1-4-2。

表 1-4-2　混凝土枕 60 kg/m 钢轨 12 号单开道岔检查

作业内容	操作要点	备注
校对量具	检查道尺：将道尺正常放置在两股钢轨轨面上，用石笔在道尺两端同一侧钢轨轨面画横线，调头放置在画线处，若两次量取轨距、水平误差在 ±1 mm 之内，则为正常	
目视方向、高低	站在道岔外 30～50 m 处，面向道岔，先看方向，后看前后高低，然后用弦线检查量值	
检查轨距、水平	按规定位置、顺序检查道岔轨距、水平、查照间隔、护背距离，先查轨距后查水平，焊缝扫查，接头要在距离轨缝前后 50~80 mm 处查两次，取最不利值	检测位置见本情景表 1-4-12
辙叉部位	量护轮轨轮缘槽宽度：在护轨平直段处测量	
	辙叉部位轮缘宽度：在对应检查查照间隔、护背距离及轨距处量取	
	护轨开口端距离：护轨端部测量，距端部 150 mm 处测量	
岔枕状况	检查接头岔枕无失效，其他处无连续失效	
	轨枕位置偏斜、间距误差	
	检查橡胶垫板无失效，位置无歪斜、外露	
转辙部分	限位器是否居中	
	量取开程：位置在尖轨刨切起点，并在刨切起点与尖轨跟之间量取最小值	
	检查框架尺寸：基本轨作用边距离尖轨尖端 5 641 mm 处量取	
	用塞尺检查尖轨和基本轨是否密贴、顶铁与基本轨腹部是否密贴、尖轨轨底与滑床板离缝	
	量尖轨动程：将卷尺放在较低一股钢轨顶面上，量基本轨作用边与尖轨非作用边的距离（第一动程在距离尖轨尖端 380 mm 处量取，第二动程在第二牵引点的拉杆中心处测量）	
	尖轨与基本轨高差：尖轨顶面宽 50 mm 及以上断面处，尖轨顶面不能低于基本轨顶面 2 mm 及以上	
		尖轨顶面宽 50 mm 及以下断面处，尖轨顶面不能高于基本轨顶面 2 mm 及以上	
	检查是否有爬行：用方尺在基本轨接头前和尖轨尖端前分别检查基本轨和尖轨的直角相错量	
支距检查	在直股支距检查点上用支距尺逐点量取直股工作边与导曲线上股工作边之间的支距值	
检查道床、路基、标记	道床有否冒浆、暗坑、脏污，是否饱满、均匀；轨枕头有否外露；路肩排水有否外高内低和杂草；标志、标记是否正确、齐全、清晰	
钢轨及接头状态	用一米直钢尺和塞尺检查钢轨错牙、低头、硬弯、焊缝凹陷、马鞍形磨耗、波浪形磨耗	量绝缘接头时不得搭接两端钢轨
	用小钢尺量钢轨肥边、擦伤、剥落掉块磨耗有否超标及轨缝	

续表

作业内容	操作要点	备注
警冲标	高度用弦线放在两股轨枕面上拉一条直线测量	
岔后连接曲线	用 10 m 弦线和直钢尺检查连接曲线正矢	
零配件	转辙部分连接零件不合格者画记号	
	用扭力扳手查接头、扣件螺栓扭矩	
	检查轨距块离缝：连续查看 25 个头，检查轨距块前、后离缝是否大于 2 mm，记录不良百分比	
	检查螺栓是否有缺少、松动现象	

制 订 计 划

按照收集资讯和决策过程，制订混凝土枕 60 kg/m 钢轨 12 号单开道岔检查计划，计划包括施工准备、操作工艺流程及安全交底。

表 1-4-3　工作方案

步骤	工作内容	负责人

表 1-4-4　工具、耗材和器材清单

序号	名称	型号与规格	单位	数量	备注

表 1-4-5　人员分工

班级：	组号：	指导老师：	组长：
组员：			
任务分工	人员类型	人员数量	人员姓名

续表

班级:	组号:	指导老师:	组长:
组员:			
任务分工	人员类型	人员数量	人员姓名
	人员总计		

表 1-4-6　工时计划

作业流程	计划工时	实际工时	工时偏差
合计			

表 1-4-7　成本核算

序号	名称	数量	单价	小计
1				
2				
3				
4				
5				
合计				

作 业 准 备

1. 点名与分工确认

表 1-4-8　点名签字表

序号	人员类型	作业职责	签字
1			
2			
3			
4			
备注		施工(作业)负责人确认无误□	

2. 安全预想

表 1-4-9　风险卡控

序号	主要风险点	卡控措施

3. 工机具检查

表 1-4-10　机具点检

机具名称	数量	是否无误	备注
		□	
		□	
		□	
		□	
		□	
施工(作业)负责人确认无误□			

操作实施

1. 作业任务

分组完成混凝土枕 60 kg/m 钢轨 12 号单开道岔检查,严格执行《安规》《营业线上线作业安全防护管理办法》各项要求,落实有效的防护措施。

2. 参照作业

微课　混凝土枕钢轨 12 号单开道岔检查内容及操作要点

3. 实操记录表

表 1-4-11　道岔检查记录簿

站名：　　　　　　道岔编号：　　　　　　道岔类型：

检查日期	检查项目	转辙部分			导曲线部分						辙叉部分								支距	记事
		尖轨前顺坡终点	尖轨前尖端处	尖轨中	尖轨跟端	直线			导曲线			岔心前		岔心中		岔心后		查找间隔	护背距离		
					直	曲	前	中	后	前	中	后	直	曲	直	曲	直	曲	直	曲	直	曲
月日	轨距																				
	水平																				
	紧急工作量																				
	临时补修日期及内容																				

> 小提示 Tips

1. 记录填写
（1）道岔号数后填写"正""站"线，方便进行分析。
（2）除查找间隔和护背距离记录实测值之外，其余均记录差值。
（3）支距将差值填写在检查记录簿支距栏中，如有超限还应填写在检查记录簿的补修栏内，大于计划值为正，反之为负。
（4）如有超限或其他危及行车安全的病害，应填写在检查记录簿补修栏内。

2. 数据分析
（1）轨距、水平误差超限处所在超限点右下角画"×"（叉号）。
（2）三角坑超限分析要考虑道岔设置凸台，道岔尖跟设凸台的客车径路，在检查正线和到发线的道岔水平时，必须填写实量值，同时分析水平和三角坑；在检查其他线道岔水平时，要扣除构造抬高值，填写偏差值，只分析水平，不分析三角坑；导曲部分设超高的客车径路，在检查正线和到发线道岔水平时，必须填写实量值，同时分析水平和三角坑，在检查其他线道岔水平时，要扣除构造超高值，填写偏差值，同时分析水平和三角坑。如三角坑超限，在两水平差之间画"⌊⎯⌋"相连。

3. 检查位置

表 1-4-12　混凝土枕 60 kg/m 钢轨 12 号单开道岔检查位置

序号	下尺部位	标准轨距（mm）	对应轨枕位置	备注
1	尖轨前顺坡终点	1 435	第 1 号枕	
2	尖轨尖端	1 437	第 6 号枕	
3	尖轨中前	1 435	第 11 号枕	距尖轨尖端 3 508 mm，侧向轨距 1 441.6 mm
4	尖轨中	1 435	第 15 号枕	距尖轨尖端 5 641 mm
5	尖轨中后	1 435	第 21 号枕	
6	尖轨跟端曲股	1 435	第 26 号枕	
7	尖轨跟端直股	1 435	同上	
8	导曲部分直股前部	1 435	第 32 号枕	
9	导曲部分曲股前部	1 435	同上	
10	导曲部分曲股中部	1 435	第 38 号枕	
11	导曲部分直股中部	1 435	同上	
12	导曲部分直股后部	1 435	第 46 号枕	
13	导曲部分曲股后部	1 435	同上	

续表

序号	下尺部位	标准轨距（mm）	对应轨枕位置	备注
14	辙叉曲股前	1 435	第54号枕	
15	辙叉曲股中	1 435	第57号与58号岔枕间	同时量取查照间隔及护背距离（心轨轨头宽20~30 mm处丈量）
16	辙叉曲股后	1 435	第63号枕	
17	辙叉直股后	1 435	同上	
18	辙叉直股中	1 435	第57号与58号岔枕间	同时量取查照间隔及护背距离（心轨轨头宽20~30 mm处丈量）
19	辙叉直股前	1 435	第54号枕	

4. 道岔轨道静态几何不平顺容许偏差管理值

表1-4-13　道岔轨道静态几何不平顺容许偏差管理值（mm）

项目		160 km/h < v_{max} 正线			120 km/h < v_{max} ≤ 160 km/h 正线			80 km/h < v_{max} ≤ 120 km/h 正线			v_{max} ≤ 80 km/h 正线及到发线			其他站线		
		作业验收	计划维修	临时补修	作业验收	计划维修	临时补修	作业验收	计划维修	临时补修	作业验收	计划维修	临时补修	作业验收	计划维修	临时补修
轨距		+2 -2	+4 -2	+5 -2	+3 -2	+4 -2	+6 -2	+3 -2	+5 -3	+6 -3	+3 -2	+5 -3	+6 -3	+3 -2	+5 -3	+6 -3
水平		3	5	7	4	6	8	4	6	8	4	6	9	6	8	10
高低		3	5	7	4	6	8	4	6	8	4	6	9	6	8	10
轨向	直线	3	4	6	4	5	7	4	6	8	4	6	9	6	8	10
轨向	支距	2	3	4	2	3	4	2	3	4	2	3	4	2	3	4
三角坑		3	4	6	4	6	8	4	6	8	4	6	9	5	8	10

注：①支距偏差为现场支距与计算支距之差；
②导曲线下股高于上股的限值：作业验收为0，计划维修为2 mm，临时补修为3 mm；
③三角坑偏差不含曲线超高顺坡造成的扭曲量；检查三角坑时基长，采用轨道检查仪时为3 m，采用轨距尺时按规定位置检查，但在延长18 m的距离内无超过表列的三角坑；
④轨距偏差不含构造轨距加宽值，尖轨尖处轨距作业验收的容许偏差管理值为 ±1 mm；
⑤段管线、岔线道岔按其他站线道岔办理；
⑥摘自《普速铁路线路修理规则》（TG/GW 102—2019）。

5. 技术标准

表 1-4-14　混凝土枕 60 kg/m 钢轨 12 号单开道岔

项目	位置		标准	允许偏差
轨距		尖轨尖	1 437 mm	参照《铁路线路修理规则》第 6.2.2 条
	直股	尖轨尖端后 5 641 mm	1 435 mm	
	曲股	尖轨尖端后 3 508 mm	1 441.6 mm	
		尖轨尖端后 5 641 mm	1 435 mm	
	其余各部		1 435 mm	
支距	尖轨跟端（第一点）		263 mm	
	中间各点（相邻间距 2 000 mm）		344、437、541、657、784、923、1 073	
	最后一点（距前一支距点 1.868 m）		1 223 mm	
护轨开口	端部开口		80 mm	
	距端部 150 mm 处		65 mm	
	平直段	直护轨（起点距护轨端部 2 762 mm）	42 mm	+3、-1 mm
		曲护轨（起点距护轨端部 1 800 mm）	42 mm	
动程	尖轨一牵		180 mm	
	尖轨二牵		75 mm	
框架尺寸	尖轨尖端后 5 641 mm		1 506 mm	
辙叉轮缘槽	辙叉心尖端至辙叉心宽 50 mm 断面间		46 mm	+3、-1 mm
			12 mm	
尖轨非工作边与基本轨工作边最小距离			65 mm	-2 mm
岔枕间距	尖轨第二连杆处（10-11 位枕间）		607 mm	≤ 20 mm
	转辙机所在岔枕间距		650 mm	
	其余岔枕间距		600 mm	
尖轨与基本轨高差	尖轨顶面宽 50 mm 及以上断面处		尖轨高于基本轨顶面	不得低 2 mm 及以上
	尖轨顶面宽 50 mm 及以下断面处		尖轨低于基本轨顶面	不得高 2 mm 及以上
尖轨跟端轮缘槽宽度	直尖轨		191 mm	
	曲尖轨		190 mm	
联零配件	滑床板磨耗			≤ 3 mm
	轨撑与轨头下颚或与挡肩离缝			≤ 2 mm

技术移交

表 1-4-15　项目完成情况表

任务项目	关键要点	完成情况
任务资讯	任务单填写	☐
	问题导引解答	☐
制订计划	作业方案制定	☐
	工机具选取	☐
	人员分配	☐
	成本核算	☐
作业准备	安全预想	☐
	人员机具检查	☐
操作实施	作业实施	☐
	作业记录	☐

评价反馈

表 1-4-16　学生自评表

任务	完成情况记录
任务是否按时完成	
相关理论完成情况	
技能训练情况	
任务完成情况	
任务创新情况	
材料上交情况	
有益的经验和做法	
总结、反思及建议	

表 1-4-17　学生互评表

序号	评价项目	小组互评				
1	任务是否按时完成	5☐	4☐	3☐	2☐	1☐
2	材料完成上交情况	5☐	4☐	3☐	2☐	1☐
3	完成质量	5☐	4☐	3☐	2☐	1☐
4	语言表达能力	5☐	4☐	3☐	2☐	1☐
5	小组成员合作面貌	5☐	4☐	3☐	2☐	1☐
6	创新点	5☐	4☐	3☐	2☐	1☐
7	简要评述					

表 1-4-18　教师评分表

工序	作业步骤	配分	评分标准	扣分	得分
准备工作	1. 确定人数	5	小组点名,根据考勤情况打分。缺勤个人得分为零		
	2. 作业安排及人员分工	5	能合理分配小组作业人员。得分为作业人员正确率×5分基础分,计算至小数点后两位		
	3. 选择作业工机具和材料	15	选择正确的工机具及数量/总计需要选择的工机具及数量×15分基础分,计算至小数点后两位		
现场作业	1. 校对量具	55	正确步骤的总得分/所有操作步骤的总分×55分基础分,计算至小数点后两位		
	2. 目视方向、高低				
	3. 检查轨距、水平				
	4. 辙叉部位检查				
	5. 岔枕状况检查				
	6. 转辙部分检查				
	7. 支距检查				
	8. 检查道床、路基、标记检查				
	9. 钢轨及接头状态检查				
	10. 警冲标检查				
	11. 岔后连接曲线检查				
	12. 零配件检查				

续表

工序	作业步骤	配分	评分标准	扣分	得分
验收总结	1. 作业回检	10	根据回检测量情况,判断作业是否正常。判断正确得分,错误不得分		
	2. 回收工机具	10	已回收的工机具材料数量/总计需要选择回收的工机具材料数量×10分基础分,计算至小数点后两位		
	3. 撤除防护	/	/		
	4. 工作总结	/	/		
合计					

表 1-4-19　教师评价表

序号	评价项目	自我评价	互相评价	教师评价	综合评价
1	学习准备				
2	引导问题填写				
3	规范操作				
4	完成质量				
5	关键操作要点掌握				
6	完成速度				
7	参与讨论主动性				
8	沟通协作				
9	待改善环节				

复盘:根据小组作业结果,小组讨论、分析有待改进之处及预防措施。

_____
_____
_____
_____

情景 5　无缝线路检查

情 景 导 引

4月12日14时29分,由A开往B的K7384次旅客列车运行至××省××市境内××线K158+691 m处××线路所3号道岔处,机车及机后第1至2位车辆脱轨,并侵入××下行线,中断××线行车,无人员伤亡。经事故调查组现场勘察、调查取证、技术鉴定、综合分析和专家论证,造成该事故的直接原因是,事故地段于2019年12月24日在低温(–16.1℃)环境下进行无缝线路锁定,4月12日事故发生时当地气温为20.2℃、轨温37℃,锁定轨温和实际轨温差达53.1℃,设备管理单位未按规定针对气温回升情况及时实施应力放散,轨道发生胀轨,造成3号道岔尖轨与基本轨离缝,进而导致K7384次旅客列车运行至此发生脱轨。

无缝线路检查中,工务段人员充分运用测量仪器(准直仪、经纬仪等)及附属设备(含三脚架、测签)、轨温表、无缝线路爬行观测记录本、钢轨板尺、钢丝刷子、棉丝、观测标尺等设备对无缝线路状态进行检查。

学 习 情 景

任务描述

无缝线路相对于普通线路,接头大大减少,由此不仅节省了线路接头零件和线路维修工作量,而且还减轻了列车对钢轨的冲击震动,降低噪声,使列车运行平稳,同时,延长了线路设备使用年限,这是铁路现代化的主要内容之一。但是要充分发挥它的优越性,必须要满足强度和稳定性的要求。为了保持线路平顺,确保行车安全,某铁路局计划对所辖××段××区段线路进行无缝线路的检查,并进行有针对性的养护维修工作。

学习目标

【知识目标】
1. 了解无缝线路的优缺点。
2. 掌握无缝线路位移检查的方法。
3. 掌握无缝线路位移检查的规范要求。

【能力目标】
1. 正确选取无缝线路位移检查的仪器。
2. 小组按作业安全要求合作完成铁路无缝线路位移检查任务。
3. 正确填报检查记录表,进行数据分析,按规定进行任务的销记。

【素质目标】
1. 具有健全的体魄、良好的心理素质、科学严谨的态度。
2. 具有较强信息获取和信息分析能力。
3. 具有将理论知识与实际操作相结合,提高实践操作能力和解决实际问题的能力。
4. 具有严格按照相关规范操作的意识。

任 务 资 讯

表1-5-1 派工单

接收人		编制		审核		日期	
使用车间名称				线名		行别	
盯岗干部				作业等级		天窗类型	
作业负责人		驻站联络员		现场防护员		远端防护员	
作业人员						合计	
其他人员							
防洪呼叫点				G网手机号			
施工(维修)安排	作业项目			工作量配置			
	车站或区间			计划出乘时间			
	封锁里程			计划封锁时间			
班会前结束人员签到	作业负责人			作业结束下道前作业负责人清点人员			
	驻站联络员						
	现场防护员						
	作业人员						
	车间盯岗干部						
作业完成情况总结							

〔问题引导〕

问题1：简述无缝线路的优缺点。
_____
_____
_____

问题2：简述无缝线路位移观测流程。
_____
_____
_____

问题3：简述无缝线路位移观测周期。
_____
_____

小提示 Tips

1. 检测周期

每 6 个月不应少于 1 次,原则上应春、秋季各 1 次,进行影响无缝线路稳定的作业后,应及时进行观测。

2. 检测方法

按照规定对无缝线路进行检查和监视,掌握钢轨锁定轨温和观测桩位移情况,并对轨温变化和温度力进行分析。一般作业人数不少于 4 人。操作手册见表 1-5-2。

表 1-5-2　操作手册

作业内容	操作要点	备注
准备	①确定观测周期; ②校准测量仪器及附属设备,确认其处于良好状态; ③确认轨温表处于良好状态; ④确认作业地点及工作量; ⑤准备好防爬桩台账,确定桩位; ⑥在记录本上预填作业日期、地点、天气等相关信息	
登记	①驻站联络员按照规定要求进行登记; ②作业负责人确认命令无误后、通知现场防护员确认可以作业	
确定观测桩	观测桩查找必须准确无误	见"小提示Tips"
测前准备	①正确读取现场轨温并记录清楚; ②损坏、不清晰的观测标尺要按照原"零位移"标记经打磨后粘贴恢复,此项作业须纳入天窗点内进行	
准直仪测量	①确保准测星仪器处于水平状态; ②确保主副镜对正无偏差; ③读数正确,准确记录; ④随时复核仪器	
量测轨缝	准确测量轨缝,并及时记录	
作业回检	作业负责人对爬行观测记录进行检查及分析,发现问题及时回检	

制 订 计 划

按照收集资讯和决策过程,制订无缝线路位移观测计划,计划包括施工准备、操作工艺流程及安全交底。

表 1-5-3　工作方案

步骤	工作内容	负责人

表 1-5-4　工具、耗材和器材清单

序号	名称	型号与规格	单位	数量	备注

表 1-5-5　人员分工

班级：	组号：	指导老师：	组长：
组员：			
任务分工	人员类型	人员数量	人员姓名
人员总计			

表 1-5-6　工时计划

作业流程	计划工时	实际工时	工时偏差
合计			

表 1-5-7　成本核算

序号	名称	数量	单价	小计
1				
2				
3				
4				
5				
合计				

作 业 准 备

1. 点名与分工确认

表 1-5-8　点名签字表

序号	人员类型	作业职责	签字
1			
2			
3			
4			
备注		施工（作业）负责人确认无误□	

2. 安全预想

表 1-5-9 风险卡控

序号	主要风险点	卡控措施

3. 工机具检查

表 1-5-10 机具点检

机具名称	数量	是否无误	备注
		☐	
		☐	
		☐	
		☐	
		☐	
施工（作业）负责人确认无误☐			

操 作 实 施

1. 作业任务

分组完成实训基地无缝线路位移观测，严格执行《安规》《营业线上线作业安全防护管理办法》各项要求，落实有效的防护措施。

2. 参照作业

微课　无缝线路位移观测作业内容及操作要点

3. 实操记录表

表 1-5-11　　　　线　　　行　无缝线路长钢轨位移观测记录簿

轨节编号：_____　　起止里程：_____　　线　　行：_____

铺设长度：_____　　锁定轨温：_____　左股　右股

检查日期	检查时间	气温(℃)	轨温(℃)	左股(mm) 各观测点位移量											始端轨缝	终端轨缝	右股(mm) 各观测点位移量											始端轨缝	终端轨缝	位移异常原因分析
				1	2	3	4	5	6	7	8	9	10	11			1	2	3	4	5	6	7	8	9	10	11			
初始位移(mm)																														
上年末位移																														

注：①在单线上各测点顺计算公里方向编号，在双线上各测点顺列车运行方向编号；
②顺编号方向位移为"+"号，逆编号位移为"-"号；
③顺编号行车方向分左右股；
④此表由无缝线路位移观测组填记，负责观测车间留存。

表 1-5-12 无缝线路道岔位移观测记录簿

道岔单元编号：_____ 起止里程：_____ 铺设长度：_____ 锁定轨温：_____

检查日期	检查时间	气温（℃）	轨温（℃）	左股						右股						尖轨相错量（mm）		心轨、翼轨相错量（mm）		限位器间隙（mm）		胶结、冻结接头轨缝变化情况	异常爬行原因分析
				各观测点位移量（mm）						各观测点位移量（mm）													
				始端轨缝	岔前100 m桩	岔首1#桩	限位器2#桩	岔尾3#桩	岔后100 m桩	终端轨缝	始端轨缝	岔前100 m桩	岔首1#桩	限位器2#桩	岔尾3#桩	岔后100 m桩	终端轨缝	直	曲	直	曲	直	曲		
初始位移（mm）																								
上年末位移																								

注：①无缝道岔单元编号可按线名+车站名准岔号的原则确认；
②单线里程顺加方向，双线顺行车方向位移为"+"号，反之为"-"；
③从岔首面向岔尾确定左右股；
④尖轨相错量指两尖轨直角错差；
⑤限位器间隙按最小值填写；
⑥应对范围内的胶结或冻结接头轨缝及接头螺栓情况全面检查。

小提示 Tips

观测桩位置（《普速铁路线路修理规则》(TG/GW 102—2019)）

（1）跨区间无缝线路、区间无缝线路按单元轨节等距离设置位移观测桩，且桩间距离不宜大于 500 m。单元轨节位移观测桩可按图 1-5-1 设置，单元轨节长度不足 500 m 整倍数时，可适当调整桩间距离。

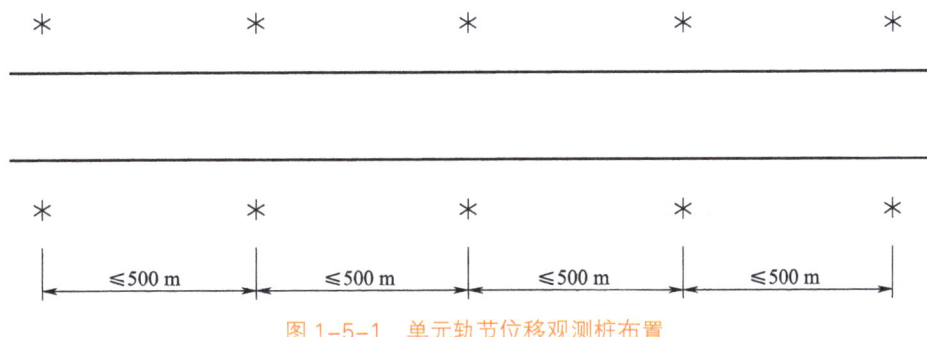

图 1-5-1　单元轨节位移观测桩布置

跨区间无缝线路、区间无缝线路在长轨条起、终点及距起、终点 100 m 处应分别设置一对位移观测桩。

（2）普通无缝线路的长轨条长度不大于 1 200 m 时，可按图 1-5-2 设置 5 对位移观测桩；长轨条长度大于 1 200 m 时，应适当增设位移观测桩且桩间距离不宜大于 500 m。

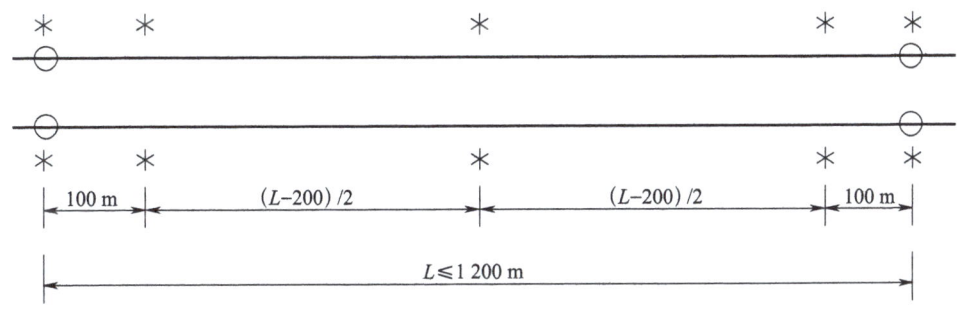

图 1-5-2　普通无缝线路观测桩设置

（3）无缝道岔宜按图 1-5-3 分别在道岔始端和终端、尖轨跟端（或限位器处）分别设置一对钢轨位移观测桩，18 号及以上的道岔宜在心轨处加设一对位移观测桩。

（4）调节器宜按图 1-5-4 在尖轨尖端、基本轨始端、基本轨根端设置 3 对位移观测桩，用于观测尖轨、基本轨位移。

（5）位移观测桩必须预先埋设牢固，桥上位移观测桩应设置在固定端（调节器设置位移观测桩除外），内侧应距线路中心不小于 3.1 m。在轨条就位或轨条拉伸到位后，应立即进行标记。标记应明显、耐久、可靠。

（6）固定区位移量超过 10 mm 时，应及时上报工务段查明原因，及时处理。

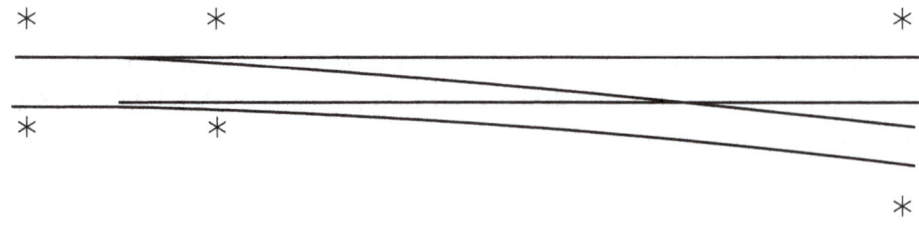

图 1-5-3 无缝道岔位移观测桩布置

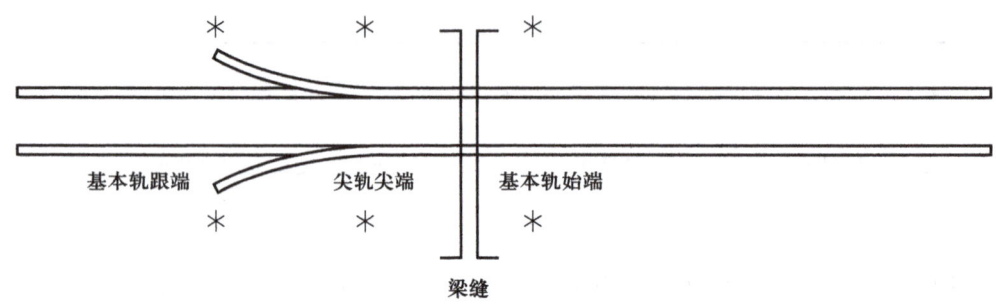

图 1-5-4 调节器位移观测桩布置

技 术 移 交

表 1-5-13 项目完成情况表

任务项目	关键要点	完成情况
任务资讯	任务单填写	□
	问题导引解答	□
制订计划	作业方案制订	□
	工机具选取	□
	人员分配	□
	成本核算	□
作业准备	安全预想	□
	人员机具检查	□
操作实施	作业实施	□
	作业记录	□

评 价 反 馈

表 1-5-14 学生自评表

任务	完成情况记录
任务是否按时完成	
相关理论完成情况	
技能训练情况	
任务完成情况	
任务创新情况	
材料上交情况	
有益的经验和做法	
总结反思建议	

表 1-5-15 学生互评表

序号	评价项目	小组互评				
1	任务是否按时完成	5□	4□	3□	2□	1□
2	材料完成上交情况	5□	4□	3□	2□	1□
3	完成质量	5□	4□	3□	2□	1□
4	语言表达能力	5□	4□	3□	2□	1□
5	小组成员合作面貌	5□	4□	3□	2□	1□
6	创新点	5□	4□	3□	2□	1□
7	简要评述					

表 1-5-16 教师评分表

工序	作业步骤	配分	评分标准	扣分	得分
准备工作	1. 确定人数	5	小组点名,根据考勤情况打分。缺勤个人得分为零		
	2. 作业安排及人员分工	5	能合理分配小组作业人员。得分为作业人员正确率×5分基础分,计算至小数点后两位		
	3. 选择作业工机具和材料	15	选择正确的工机具及数量/总计需要选择的工机具及数量×15分基础分,计算至小数点后两位		

续表

工序	作业步骤	配分	评分标准	扣分	得分
现场作业	1. 确定观测桩	55	正确步骤的总得分/所有操作步骤的总分×55分基础分,计算至小数点后两位		
	2. 测前准备				
	3. 准直仪测量				
	4. 量测轨缝				
验收总结	1. 作业回检	10	根据回检测量情况,判断作业是否正常。判断正确得分,错误不得分		
	2. 回收工机具	10	已回收的工机具材料数量/总计需要选择回收的工机具材料数量×10分基础分,计算至小数点后两位		
	3. 撤除防护	/	/		
	4. 工作总结	/	/		
合计					

表 1-5-17 教师评价表

序号	评价项目	自我评价	互相评价	教师评价	综合评价
1	学习准备				
2	引导问题填写				
3	规范操作				
4	完成质量				
5	关键操作要点掌握				
6	完成速度				
7	参与讨论主动性				
8	沟通协作				
9	待改善环节				

复盘：根据小组作业结果，小组讨论、分析有待改进之处及预防措施。

模块二 基本作业

情景 1　起道作业

情 景 导 引

20××年9月25日21时14分，××铁路线路站内3号道岔处，某货物列车（编组53辆，总重3 518 t，换长69.1）运行至此，机后第5至29位车辆颠覆，第30位车辆脱轨，颠覆车辆侵入上行正线。经调查，由于单边过量起道，造成线路轨道几何尺寸发生变化，水平偏差达47 mm，三角坑达48 mm。××铁路局迅速启动应急预案，组织人员紧急赶赴现场进行抢修。

此次抢修中，工务段人员充分运用内燃捣镐机、起道机、捣鼓棒、四齿耙、道砟叉等设备对起道量进行调整。首先撤除调高垫板、确定标准股；其次按照"三够一清"作业标准扒开道床，放置起道机进行起道，起道完成后对线路进行捣固，最后回填道砟、将扒出的道砟整平，并进行线路复查确认，确定线路几何尺寸达到线路轨道静态几何尺寸容许偏差管理值。

学 习 情 景

任务描述

20××年7月2日14时30分，经过轨道巡检，发现××局××上行××岭—××站间K375+411 m处，由于线路存在多处几何尺寸严重超限，多处钢轨掉块，且大机清筛后设备检查不到位，超限处所整修不及时，线路质量存在严重缺陷。

铁路轨道几何形位如不符合要求，将导致线路高低不良，这会直接影响旅客乘车舒适性，甚至影响行车安全。因此，为了保持线路平顺，确保行车安全，需要对此处铁路线路轨道高低不良地段钢轨进行起道作业。

学习目标

【知识目标】

1. 掌握起道的作业安全要求。
2. 掌握起道的作业程序。
3. 掌握起道的规范要求。

【能力目标】

1. 熟练掌握起道作业程序。
2. 小组按作业安全要求合作完成起道任务。
3. 正确填报检查记录表,按规定进行任务的销记。

【素质目标】

1. 具有良好的职业道德和严谨的科学态度。
2. 具有较强的沟通能力和良好的团队合作意识。
3. 热爱专业,吃苦耐劳,具备自我学习的能力。

任 务 资 讯

表 2-1-1 派工单

接收人		编制		审核		日期	
使用车间名称				线名		行别	
盯岗干部				作业等级		天窗类型	
作业负责人		驻站联络员		现场防护员		远端防护员	
作业人员						合计	
其他人员							
防洪呼叫点				G网手机号			
施工(维修)安排	作业项目			工作量配置			
	车站或区间			计划出乘时间			
	封锁里程			计划封锁时间			
班会前结束人员签到	作业负责人			作业结束下道前作业负责人清点人员			
	驻站联络员						
	现场防护员						
	作业人员						
	车间盯岗干部						
作业完成情况总结							

（问题引导）

问题1：起道实施之前需要哪些准备工作？用自己的语言进行描述。

_____

_____

问题2：简述起道现场作业流程。

_____

_____

_____

小提示 Tips

1. 几何形位又称为几何尺寸，包括轨距、水平、高低、方向、轨底坡。
2. 作业完毕后要做好工器具、材料、作业人员的出清工作。
3. 撤除防护时现场防护员带领作业人员统一沿路肩返回，作业负责人确认人机材无误后，办理撤除防护手续。
4. 在封锁命令下达后，现场防护员执行"手比、眼看、口呼"，设置移动停车信号牌。
5. 除去被测量的钢轨表面的铁锈污物，将仪表吸附在钢轨表面，5 min 后可以读出仪表的数值，该数值即为钢轨的表面温度。需要连续测量时，可将温度计吸附在钢轨腰部位。
6. 标准股选取正确，直线上以水平高的一股为标准股，普遍起道时以左股为标准股；曲线地段则以下股为标准股，以免因反超高而造成下股落道或上股超高不足的缺点。
7. 将撤除垫板范围内的扣件螺栓松动，放入液压起道机抬起钢轨，抽出调高垫板，并整正轨下橡胶胶垫，复紧轨枕扣件。
8. 按照"三够一清"作业标准扒开道床。按调查后的划撬扒开道床始终点，先将轨枕盒道砟扒出半槽，然后先扒枕头一端的右手镐窝，将石砟堆在左手捣窝，扒完全部枕头右手镐窝后，再扒道心的右手镐窝。打完右手镐后，把左手镐窝处的道砟扒到右手镐窝处，即可打左手镐。
9. 线路上起道，起道机放置距离铝热焊缝 1 m（四孔），距离撬头、撬尾预留 4 根轨枕放置起道器，2 台起道器之间相隔 6 根轨枕。
10. 道岔上起道，先满足直股部分与前后一致的要求；辙叉部分存在高低时，起辙叉心看直股高低，捣固辙叉心，放掉起道机再进行护轨部分捣固；对曲股水平时，把起道机放置在曲股外侧，对水平同时也要检查直股部分水平，把曲股部分捣固完后放掉起道机，还要对辙叉心再进行捣固，减少辙叉心空吊。
11. 距离钢轨边缘 20~30 mm 处下镐，使镐头与轨枕面成 45°~70°，将镐头冲击道砟插向枕底，待插入枕底 20~50 mm 时拔出，换位重复捣固。在接头起道时，接头两根轨枕要同时捣固，每根打两面镐；在混凝土枕地段捣固时，如为单股起道时，必须在一根轨枕上捣固好长度不少于4个镐窝的两面镐;在双股同时起道时,必须在两根轨枕上捣固好长度不少于4个镐窝的四面镐,起道过高时,应用镐尖串实,禁止用起拨道器撞击钢轨或轨枕。

12. 回填道砟,将扒出的道砟整平。回填道砟应先道心、后轨枕头,做到"一撬一清"。

制 订 计 划

按照收集资讯和决策过程,制订起道计划,计划包括施工准备、操作工艺流程及安全交底。

表 2-1-2 工作方案

步骤	工作内容	负责人

表 2-1-3 工具、耗材和器材清单

序号	名称	型号与规格	单位	数量	备注

表 2-1-4 人员分工

班级:	组号:	指导老师:	组长:
组员:			
任务分工	人员类型	人员数量	人员姓名

续表

任务分工	人员类型	人员数量	人员姓名
人员总计			

表 2-1-5　工时计划

作业流程	计划工时	实际工时	工时偏差
点名分工			
安全预想			
工机具检查			
设置防护			
上道作业			
作业质量回检			
合计			

表 2-1-6　成本核算

序号	名称	数量	单价	小计
1				
2				
3				
4				
5				
合计				

作业准备

1. 点名与分工确认

表 2-1-7　点名签字表

序号	人员类型	作业职责	签字
1			
2			
3			
4			
备注		施工（作业）负责人确认无误□	

2. 安全预想

表 2-1-8　风险卡控

序号	主要风险点	卡控措施

3. 工机具检查

表 2-1-9　机具点检

机具名称	数量	是否无误	备注
		☐	
		☐	
		☐	
		☐	
		☐	
施工（作业）负责人确认无误☐			

4. 防护准备

（1）铁路信号主要分为听觉信号和视觉信号。_____信号主要为口笛、号角、响墩发出的音响以及车辆、特种设备发出的鸣笛声。_____信号可分为昼间信号、夜间信号和昼夜通用信号。如果在昼间遇到大雾、暴风雨雪及其他特殊情况，导致信号显示距离不足 1 000 m，注意、减速信号显示距离不足 400 m，调车信号显示距离不足 200 m 时，应使用_____信号。隧道内只使用夜间型号或_____通用信号。

（2）铁路的移动信号主要有_____红色、减速信号_____色、按规定速度行驶_____色。

操 作 实 施

1. 作业任务

分组完成铁路线路起道作业（销记台账）。

2. 现场作业

微课　起道作业

3. 实操记录表

表 2-1-10　实操记录表

作业范围		记录时间		作业内容	
项目		作业前	作业后	线路类型	
开始时间					
完成时间					
轨温			/	记录人员	
轨距					
水平				核查人员	
高低					
轨向（直线）				作业负责人	
三角坑	缓和曲线			是否符合作业要求□	
	直线和圆曲线				

小提示 Tips

作业流程如图 2-1-1 所示。

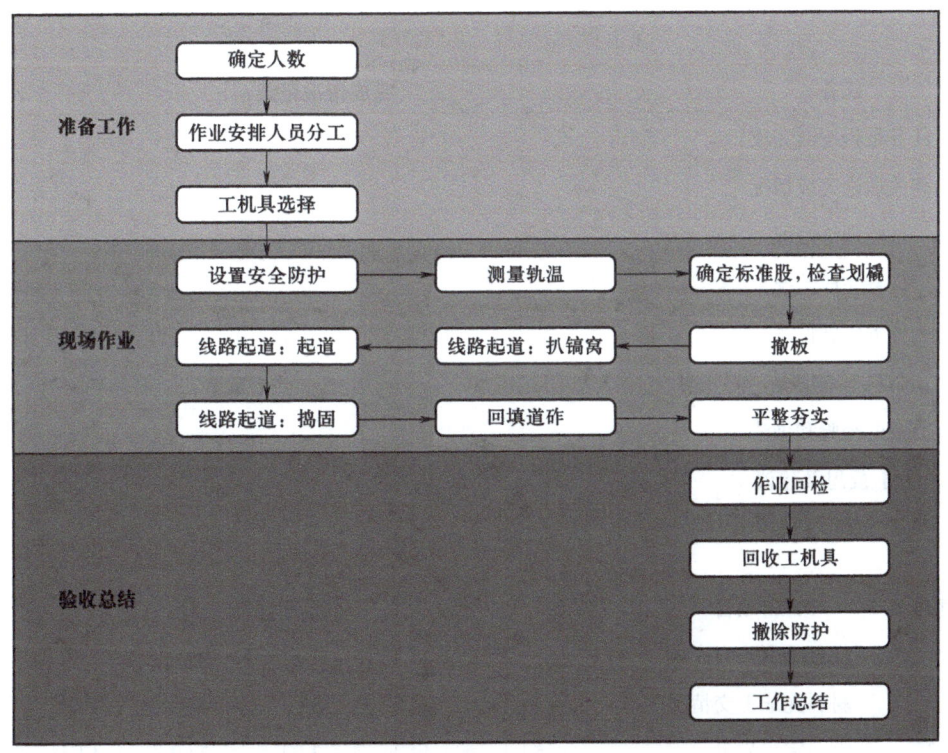

图 2-1-1　作业流程图

技 术 移 交

表 2-1-11　项目完成情况记录表

任务项目	关键要点	完成情况
任务资讯	任务单填写	☐
	问题导引解答	☐
制订计划	作业方案制订	☐
	工机具选取	☐
	人员分配	☐
	成本核算	☐
作业准备	安全预想	☐
	人员机具检查	☐
操作实施	作业实施	☐
	作业记录	☐

评 价 反 馈

表 2-1-12　学生自评表

任务	完成情况记录
任务是否按时完成	
相关理论完成情况	
技能训练情况	
任务完成情况	
任务创新情况	
材料上交情况	
有益的经验和做法	
总结、反思及建议	

表 2-1-13　学生互评表

序号	评价项目	小组互评				
1	任务是否按时完成	5 ☐	4 ☐	3 ☐	2 ☐	1 ☐
2	材料完成上交情况	5 ☐	4 ☐	3 ☐	2 ☐	1 ☐
3	完成质量	5 ☐	4 ☐	3 ☐	2 ☐	1 ☐

续表

序号	评价项目	小组互评				
4	语言表达能力	5□	4□	3□	2□	1□
5	小组成员合作面貌	5□	4□	3□	2□	1□
6	创新点	5□	4□	3□	2□	1□
7	简要评述					

表 2-1-14 教师评分表

工序	作业步骤	配分	评分标准	扣分	得分
准备工作	1. 确定人数	5	小组点名,根据考勤情况打分。缺勤个人得分为零		
	2. 作业安排及人员分工	5	能合理分配小组作业人员。得分为作业人员正确率×5分基础分,计算至小数点后两位		
	3. 选择作业工机具和材料	15	选择正确的工机具及数量/总计需要选择的工机具及数量×15分基础分,计算至小数点后两位		
现场作业	1. 设置安全防护	55	正确步骤的总得分/所有操作步骤的总分×55分基础分,计算至小数点后两位		
	2. 测量轨温				
	3. 确定标准股,检查划橛				
	4. 撤板				
	5. 线路起道:扒镐窝				
	6. 线路起道:起道				
	7. 线路起道:捣固				
	8. 回填道砟				
	9. 平整夯实				
验收总结	1. 作业回检	10	根据回检测量情况,判断作业是否正常。判断正确得分,错误不得分		
	2. 回收工机具	10	已回收的工机具材料数量/总计需要选择回收的工机具材料数量×10分基础分,计算至小数点后两位		
	3. 撤除防护	/	/		
	4. 工作总结	/	/		
		合计			

表 2-1-15 教师评价表

序号	评价项目	自我评价	互相评价	教师评价	综合评价
1	学习准备				
2	引导问题填写				
3	规范操作				
4	完成质量				
5	关键操作要点掌握				
6	完成速度				
7	参与讨论主动性				
8	沟通协作				
9	待改善环节				

复盘：根据小组作业结果，小组讨论、分析有待改进之处及预防措施。

_____
_____
_____
_____
_____
_____

情景 2　拨道作业

情 景 导 引

铁路线路在运营一段时间之后，由于列车的横向作用力等因素，线路的轨向和轨距会发生一定的变化，影响行车安全，所以需要进行拨道，恢复原设计标准。拨道是指将轨枕和钢轨一起横向移动至准确位置，拨道作业通常需使用撬棍、拨道器等工具，为便于拨道时区分某一钢轨的不同部位，通常在钢轨纵向用大腰、小腰、接头将钢轨分为几个区域。

对于直线线路拨道，首先需确认轨温是否符合作业条件，在满足作业条件的前提下确定基本轨，然后扒松道床进行粗拨道、细拨道，拨道完成后平整夯实、进行回检。而对于曲线线路来说,除了直线线路拨道作业程序外,还需要在拨道作业前,量取现场,进行拨道量的计算。

学习情景

任务描述

××铁路局××工务段人员在日常检查中发现××站—××站间 K457+100 m 曲线处,由于季节变化和车辆冲撞等,曲线方向超限,导致曲线不圆顺,影响行车安全。因此,需要对方向不良的轨道进行拨道修正,使轨道方向复原并符合标准。

学习目标

【知识目标】
1. 了解拨道量计算方法。
2. 了解拨道机的使用方法。
3. 理解拨道作业指挥手势。
4. 掌握拨道作业程序。
5. 掌握拨道作业回检要求。

【能力目标】
1. 熟练使用拨道机。
2. 熟练使用拨道指挥手势。
3. 熟练掌握拨道作业程序。
4. 小组按作业安全要求合作完成拨道任务。
5. 正确填报检查记录表。

【素质目标】
1. 具有健全的体魄、良好的心理素质。
2. 具有较强的综合分析能力和解决问题能力。
3. 具有较强的沟通协调、情绪调节、环境适应、信息处理、分析总结、组织规划的能力。
4. 具有自我管理和学习能力,能够有效地规划学习时间,掌握学习方法,并且能够自主地进行学习。

任 务 资 讯

表 2-2-1　派工单

接收人			编制		审核		日期	
使用车间名称					线名		行别	
盯岗干部					作业等级		天窗类型	
作业负责人			驻站联络员		现场防护员		远端防护员	
作业人员							合计	
其他人员								
防洪呼叫点					G网手机号			
施工（维修）安排			作业项目		工作量配置			
			车站或区间		计划出乘时间			
			封锁里程		计划封锁时间			
班会前结束人员签到			作业负责人		作业结束下道前作业负责人清点人员			
			驻站联络员					
			现场防护员					
			作业人员					
			车间盯岗干部					
作业完成情况总结								

（问题引导）

问题1：什么是拨道？

_____

_____

问题2：拨道作业指挥手势有哪些？分别代表什么含义？

_____

_____

问题3：简述拨道现场作业流程。

_____

_____

_____

小提示 Tips

1. 拨道是指曲线轨道经机车车辆的行走和冲撞造成超限或发生方向变化时,使轨道方向复原并符合标准的修正方法。

2. 指挥拨道:拨大弯时指挥人距拨道人 100 m,拨小弯时指挥人距拨道人 50 m。双腿跨在方向好的一股轨上(曲线沿上股指挥)。指挥手势:① 向前:手心向外推;② 向回:手心向内招;③ 向左、向右:相应伸平左右手;④ 拨接头:两手握拳,隔一个接头两拳相碰两次;⑤ 拨大腰:两手过头作大圆状;⑥ 拨小腰:两手在胸前作小圆状;⑦ 交叉拨:两手在体前交叉;⑧ 暂停拨道:两臂伸平;⑨ 拨道完毕:单臂在头上部划圆圈。

3. 一般来讲,轨端 4~6 根轨枕范围称为小腰;轨端 3 根轨枕范围称为接头;除去接头、小腰,在中部剩下的部分,称为大腰。

4. 在封锁命令下达后,现场防护员执行"手比、眼看、口呼",设置移动停车信号牌。

5. 被测量的钢轨表面除去铁锈污物,将仪表吸附在钢轨表面,5 min 后可以读出仪表的数值,该数值即为钢轨的表面温度。需要连续测量时,可将温度计吸附在钢轨腰部位。

6. 拨道前调查线路轨向不平顺的地方,用石笔标出。

7. 确定基准股:直线地段如两股方向误差不大时,一般以顺里程方向的左股为基准股;若一股方向好,则以方向较好的一股为基准股;曲线地段应以上股为基准股。

8. 曲线地段应事先调查现场正矢,并计算拨道量。

9. 拨道量大或道床特别坚实时,应在拨道前将轨枕头外的道砟挖开一些。当拨量大于 20 mm 时还需先进行荒拨;当拨道量不超过 20 mm 时,用镐尖将轨枕头外的道砟刨松即可。曲线上有"鹅头"时,应先将"鹅头"消除。

10. 轨缝大小不均时,例如连续瞎缝或大缝,曲线地段向外拨而轨缝过大,向内拨而轨缝过小,需计算其影响量,预先做好调整,消除瞎缝,以防胀轨跑道。

11. 轨枕盒内设有防爬支撑而拨道量又较大时,应扒开防爬支撑拨动方向侧的道砟,必要时可松开防爬器及防爬支撑。

12. 放置拨道机时,将拨道机放置在钢轨底部,使钢轨侧面与拨道挡铁接触,然后拨倒手提梁,关闭回油阀,根据指挥者指示动作选择拨道方式。

13. 拨道作业时需注意:(1)关闭回油阀时,应前后摆动摇杆;(2)铝热焊缝和绝缘接头处不能安放拨道器;(3)在钢轨上推行起道机时,注意绝缘接头,应及时将机具提起避免联电。

14. 回填道砟,将扒出的道砟整平。回填道砟时应先道心、后轨枕头,做到"一撬一清"。

制 订 计 划

按照收集资讯和决策过程,制订拨道计划,计划包括施工准备、操作工艺流程及安全交底。

表 2-2-2　工作方案

步骤	工作内容	负责人

表 2-2-3　工具、耗材和器材清单

序号	名称	型号与规格	单位	数量	备注

表 2-2-4　人员分工

班级：	组号：	指导老师：	组长：
组员：			
任务分工	人员类型	人员数量	人员姓名
	人员总计		

表 2-2-5　工时计划

作业流程	计划工时	实际工时	工时偏差
点名分工			
安全预想			
工机具检查			

续表

作业流程	计划工时	实际工时	工时偏差
设置防护			
上道作业			
作业质量回检			
合计			

表 2-2-6　成本核算

序号	名称	数量	单价	小计
1				
2				
3				
4				
5				
合计				

作 业 准 备

1. 点名与分工确认

表 2-2-7　点名签字表

序号	人员类型	作业职责	签字
1			
2			
3			
4			
备注		施工(作业)负责人确认无误□	

2. 安全预想

表 2-2-8　风险卡控

序号	主要风险点	卡控措施

3. 工机具检查

表 2-2-9　机具点检

机具名称	数量	是否无误	备注
		□	
		□	
		□	
		□	
		□	
	施工（作业）负责人确认无误□		

操 作 实 施

1. 作业任务

根据提示，分组对 ××站—××站间电气化铁路 K457+100 m 曲线处方向不良的轨道进行拨道修正作业，使轨道方向复原并符合标准。

小提示 Tips

作业流程如图 2-2-1 所示。

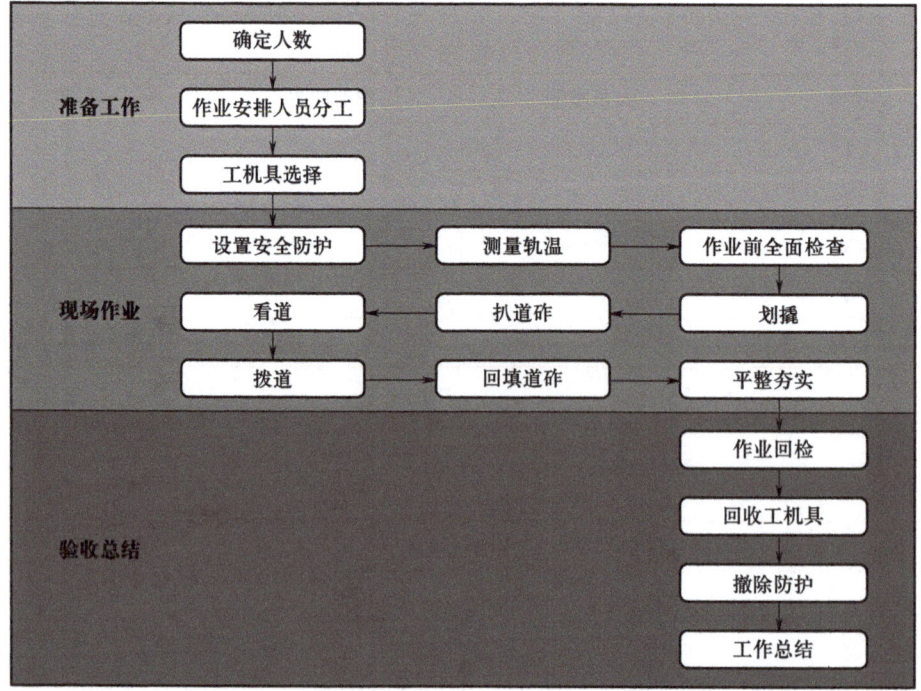

图 2-2-1　作业流程图

2. 现场作业

微课 拨道作业

3. 实操记录表

表 2-2-10 实操记录表

测点	现场正矢倒累计	现场正矢	计划正矢	正矢差	正矢差累计	半拨量	正矢修正	修正后计划正矢	修正后正矢差	修正后差累计	修正后半拨量	拨量	拨后正矢	注
一	二	三	四	五	六	七	八	九	十	十一	十二	十三	十四	十五
1														
2														
3														
4														
5														
6														
7														
8														
9														
10														
11														
12														
13														
14														
15														
16														
17														
18														
19														
20														
21														
22														

续表

测点	现场正矢倒累计	现场正矢	计划正矢	正矢差	正矢差累计	半拨量	正矢修正	修正后计划正矢	修正后正矢差	修正后差累计	修正后半拨量	拨量	拨后正矢	注
23														
24														
25														
39														
Σ														

小提示 Tips

计算拨量应首先计算正矢差,再计算差累计。

1. 计算各测点的正矢差

曲线上各测点的正矢差等于现场正矢减去计划正矢,因此将各测点第三栏的值减去第四栏的值,把差值填入第5栏中即可。

2. 计算正矢差累计

某测点的正矢差累计等于到该测点为止的以前各测点正矢差的和。例如第5个测点的正矢差累计 = 第4个测点的正矢差累计 + 第5个测点的正矢差。

第六栏最后一测点的正矢差累计必为零,否则说明计算有误。

3. 计算半拨量

某点的半拨量等于该点前(不包括该测点)所有测点正矢差累计的和。

半拨量的符号为正时,表示该测点应向外拨(上挑),半拨量的符号为负时,表示该测点应向内拨(下压)。

为了不使曲线两端直线发生平移,亦即必须使最后一测点的半拨量为零(第7栏值)。如果最后一测点的半拨量为 –27,表示曲线终端直线要向内拨移(下压)2×27 mm,显然,此方案违背整正曲线的基本原理,必须重新修正计划正矢,使最后一测点的半拨量为零,以满足曲线两端直线位置不变的要求。

4. 使终点半拨量调整为零

终点半拨量不为零且数值不大时,通常采用点号差法对计划正矢进行修正。

从半拨量的计算过程可知,如果在某测点上,将计划正矢减少 1 mm,同时在其下边相距为 M 个点号的测点上,将计划正矢增加 1 mm(计划正矢在上一测点减 1 mm,在下一测点加 1 mm,简称"上减下加"),其结果将使下一测点以后的各测点的半拨量增加 $1 \times M$ mm。反之,如果在相距为 M 个点号的一对测点上,对其计划正矢进行"上加下减"的修正,其结果将使下一测点以后各测点的半拨量减少 $1 \times M$ mm。由于计划正矢的修正是在一对测点上进行的,修正值为 1 mm,且符号相反,故不会影响曲线整正的原则,仍能保证曲线两端直线方向不变。

以上调整半拨量的方法，是通过在一对相距为 M 个点号的测点上，各调整 1 mm 的计划正矢，而使这对测点之后的各测点的半拨量变化 $1 \times M$ mm，由于 M 为这对测点的点号之差，故称此法为点号差法。

使用点号差法调整半拨量时需注意：

（1）点号之差 M 值应尽可能地大；

（2）如果一对测点的调整量不足以达到所需调整的值时，可以酌情使用几对测点；

（3）选择测点时，应考虑该点计划正矢的修正历史，避免与曾经进行过计划正矢修正的点发生同号重复修正；

（4）"先加后减"的各对测点，最好安排在负半拨量最大的点号之后，"先减后加"的各对测点，最好安排在正半拨量最大的点号之后，以避免使某些点的半拨量增大，对拨道不利；

（5）曲线的始点和终点不要进行正矢修正，以保证曲线始、终点的半拨量为零；

（6）在修正值的正值与负值之间，最好间隔 2 个测点以上，以保证曲线的圆顺。

如果曲线最后一点的半拨量为 -27，且负半拨量最大值位于最后一点，则应用点号差法，以两对测点采用"先减后加"格式进行正式修正。计划正矢修正值填入表第 8 栏。第 9 至第 12 栏的计算方法与第 4 至第 7 栏相同。

第 13 栏为拨量，其值为第 12 栏中各点半拨量值的 2 倍。

第 14 栏的值是根据曲线上各点拨道量和拨后正矢的关系，即 $f'_n = f_n + e_n - \left(\dfrac{e_{n-1}+e_{n+1}}{2}\right)$ 计算的。其目的是检查计算是否有误，各测点的拨后正矢应与各点修正后的计划正矢（在第 9 栏）相吻合，否则应重新复核。

技 术 移 交

表 2-2-11　项目完成情况记录表

任务项目	关键要点	完成情况
任务资讯	任务单填写	□
	问题导引解答	□
制订计划	作业方案制订	□
	工机具选取	□
	人员分配	□
	成本核算	□
作业准备	安全预想	□
	人员机具检查	□
操作实施	作业实施	□
	作业记录	□

评 价 反 馈

表 2-2-12 学生自评表

任务	完成情况记录
任务是否按时完成	
相关理论完成情况	
技能训练情况	
任务完成情况	
任务创新情况	
材料上交情况	
有益的经验和做法	
总结、反思及建议	

表 2-2-13 学生互评表

序号	评价项目	小组互评				
1	任务是否按时完成	5□	4□	3□	2□	1□
2	材料完成上交情况	5□	4□	3□	2□	1□
3	完成质量	5□	4□	3□	2□	1□
4	语言表达能力	5□	4□	3□	2□	1□
5	小组成员合作面貌	5□	4□	3□	2□	1□
6	创新点	5□	4□	3□	2□	1□
7	简要评述					

表 2-2-14 教师评分表

工序	作业步骤	配分	评分标准	扣分	得分
准备工作	1. 确定人数	5	小组点名,根据考勤情况打分。缺勤个人得分为零		
	2. 作业安排及人员分工	5	能合理分配小组作业人员。得分为作业人员正确率×5分基础分,计算至小数点后两位		
	3. 选择作业工机具和材料	15	选择正确的工机具及数量/总计需要选择的工机具及数量×15分基础分,计算至小数点后两位		

续表

工序	作业步骤	配分	评分标准	扣分	得分
现场作业	1. 设置安全防护	55	正确步骤的总得分/所有操作步骤的总分×55分基础分,计算至小数点后两位		
	2. 测量轨温,并进行全面检查				
	3. 检查划橛				
	4. 扒开道床,检查窝深				
	5. 使用拨道机拨道				
	6. 回填道砟,平整夯实				
验收总结	1. 作业回检	10	根据回检测量情况,判断作业是否正常。判断正确得分,错误不得分		
	2. 回收工机具	10	已回收的工机具材料数量/总计需要选择回收的工机具材料数量×10分基础分,计算至小数点后两位		
	3. 撤除防护	/	/		
	4. 工作总结	/	/		
合计					

表 2-2-15　教师评价表

序号	评价项目	自我评价	互相评价	教师评价	综合评价
1	学习准备				
2	引导问题填写				
3	规范操作				
4	完成质量				
5	关键操作要点掌握				
6	完成速度				
7	参与讨论主动性				
8	沟通协作				
9	待改善环节				

复盘:根据小组作业结果,小组讨论、分析有待改进之处及预防措施。

_____
_____
_____
_____
_____
_____

情景3　改道作业

情景导引

由于温度变化、车辆荷载、轨道老化和磨损等因素，铁路线路轨距会随时间不断变化。如果轨距变化率过大，会导致列车行驶时出现晃动和颠簸，当轨距超过安全限值时，则直接影响列车运行安全。为了改正超限或接近超限的轨距及其变化率，消除线路方向不良病害，铁路部门通过按规定的轨距值改动另一股钢轨位置的方式来调整轨距，这种作业方式称为改道。

对于需要进行改道作业的钢轨，先用扳手卸下相应位置的扣件；然后调整标准股的扣板，调整时注意扣件型号不能混用，扣板扣件应采用调换扣板以及更换扣板等方法消灭"三不密"扣板，弹条扣件应使用不同规格尼龙挡座调整轨距，并注意防止挤动钢轨；接着量好轨距，根据轨距大小，采用调换、更换扣板或挡板座等方法来调整对面股轨距，调整时应按照先外口、后里口的顺序。

学 习 情 景

任务描述

2012年6月16日9时56分，××次货物列车运行至××局管内××线K517+364 m处，后部补机机车及尾前5辆车辆（装载货物为煤，载重均为70 t）脱轨，中断单线正线行车20小时33分，事故主要原因：脱轨处线路为300 m半径曲线的缓和曲线，脱轨地点轨枕使用了可调扣板式扣件。由于该种扣件扣压力难以保持，且曲线下股混凝土轨枕挡肩连续破损15处，其中失效9根，严重伤损6根，重载列车低速通过曲线时，曲线下股横向力增大，轨道框架强度不足，轨距瞬间扩大，导致曲线下股车轮落于钢轨内侧，同时将曲线上股钢轨挤翻。现须将扩大的轨距进行调整，使其满足线路安全运行规范。

学习目标

【知识目标】
1. 掌握改道的作业安全要求。
2. 掌握改道的作业程序。
3. 掌握改道的规范要求。

【能力目标】
1. 小组合作制订改道方案。

2. 熟练掌握改道作业程序。

3. 小组按作业安全要求合作完成改道任务。

4. 正确填报检查记录表,按规定进行任务的销记。

【素质目标】

1. 具有质量意识,保证改道作业的质量,提高铁路运行的平稳性和安全性。

2. 具有良好的应变能力,能灵活应对各种突发情况,及时调整改道方案。

3. 具有细节把控能力,注重作业中的每一个细节,避免因小失大。

4. 具有良好的效率意识,高效完成改道作业,减少对铁路运营的影响。

5. 具有较强的沟通协调、情绪调节、环境适应、信息处理、分析总结、组织规划的能力。

6. 具有严格按照相关规范操作的意识,时刻保持高度的安全警觉性,防止事故发生。

任 务 资 讯

表 2-3-1　派工单

接收人		编制		审核		日期	
使用车间名称				线名		行别	
盯岗干部				作业等级		天窗类型	
作业负责人		驻站联络员		现场防护员		远端防护员	
作业人员						合计	
其他人员							
防洪呼叫点				G网手机号			
施工(维修)安排		作业项目		工作量配置			
		车站或区间		计划出乘时间			
		封锁里程		计划封锁时间			
班会前结束人员签到		作业负责人		作业结束下道前作业负责人清点人员			
		驻站联络员					
		现场防护员					
		作业人员					
		车间盯岗干部					
作业完成情况总结							

【问题引导】

问题1：什么情况下铁路线路需要进行改道作业？

_____

_____

问题2：简述曲线线路改道现场作业流程。

_____

_____

问题3：混凝土枕地段改道应注意哪些事项？

_____

_____

_____

小提示 Tips

1. 在封锁命令下达后，现场防护员执行"手比、眼看、口呼"，设置移动停车信号牌。

2. 除去被测量的钢轨表面的铁锈污物，将仪表吸附在钢轨表面，5 min 后可以读出仪表的数值，该数值即为钢轨的表面温度。需要连续测量时，可将温度计吸附在钢轨腰部位。

3. 改道前对需要调整的扣板用石笔标出。

4. 清除轨枕、扣件上的杂物，用丁字扳手逐个拧动扣件。

5. 曲线线路以上股为标准股。

6. 回填道砟，指将扒出的道砟整平。回填道砟应先道心、后轨枕头，做到"一撬一清"。

7. 砼枕线路改道时，各种型号的扣件不得混用。扣板扣件应按规定使用铁垫片和胶垫片，所使用调整垫片位置正确。弹条扣件应使用不同规格尼龙挡座调整轨距。当扣板（挡板）及尼龙挡座出现最大最小号码，无法调整轨距时，应串动轨枕解决。

8. 改道作业应注意：① 改道时，木枕地段应使铁垫板外肩靠贴轨底边；混凝土枕地段应调整不同号码扣板、轨距挡板、挡板座；同时应修理和更换不良扣件；② 螺纹道钉改道时，应用木塞填满钉孔，钻孔后旋入道钉，严禁锤击螺纹道钉。

制 订 计 划

按照收集资讯和决策过程，制订改道计划，计划包括施工准备、操作工艺流程及安全交底。

表 2-3-2　工作方案

步骤	工作内容	负责人

表 2-3-3　工具、耗材和器材清单

序号	名称	型号与规格	单位	数量	备注

表 2-3-4　人员分工

班级：	组号：	指导老师：	组长：
组员：			
任务分工	人员类型	人员数量	人员姓名
人员总计			

表 2-3-5　工时计划

作业流程	计划工时	实际工时	工时偏差
合计			

表 2-3-6　成本核算

序号	名称	数量	单价	小计
1				
2				
3				
4				
5				
合计				

作 业 准 备

1. 点名与分工确认

表 2-3-7　点名签字表

序号	人员类型	作业职责	签字
1			
2			
3			
4			
备注		施工（作业）负责人确认无误□	

2. 安全预想

表 2-3-8　风险卡控

序号	主要风险点	卡控措施

3. 工机具检查

表 2-3-9　机具点检

机具名称	数量	是否无误	备注
		□	
		□	
		□	

机具名称	数量	是否无误	备注
		□	
		□	
施工(作业)负责人确认无误□			

4. 防护准备

（1）施工负责人根据调度命令批准的作业_____和_____，通知现场防护员按规定设置好防护，特殊地段执行_____防护要求。

（2）复线地段需要跨线时，由现场防护员进行联控确认无车后，执行"手比、眼看、口呼"集中跨线，严禁无防护的情况下单人随意跨线。

操 作 实 施

1. 作业任务

根据提示，分组对××局管内××线电气化铁路 K517+364 m 处线路轨距进行调整，使其符合规范标准。

2. 现场作业

微课　改道作业

3. 实操记录表

表 2-3-10　实操记录表

作业范围		记录时间		作业内容	
项目		作业前	作业后	线路类型	
开始时间				^	
完成时间					
轨温				记录人员	
轨距					
水平				核查人员	
高低					
轨向(直线)				作业负责人	
三角坑	缓和曲线			是否符合作业要求□	
	直线和圆曲线				

> 小提示 Tips

作业流程如图 2-3-1 所示。

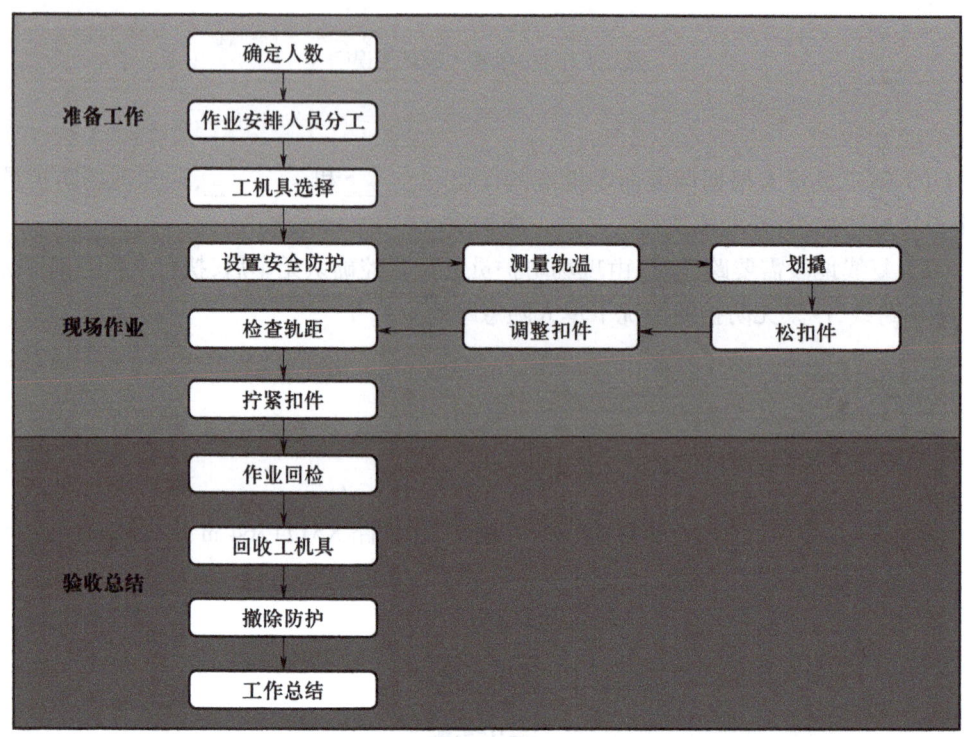

图 2-3-1　作业流程图

技 术 移 交

表 2-3-11　项目完成情况记录表

任务项目	关键要点	完成情况
任务资讯	任务单填写	☐
	问题导引解答	☐
制订计划	作业方案制订	☐
	工机具选取	☐
	人员分配	☐
	成本核算	☐
作业准备	安全预想	☐
	人员机具检查	☐
操作实施	作业实施	☐
	作业记录	☐

评 价 反 馈

表 2-3-12 学生自评表

任务	完成情况记录
任务是否按时完成	
相关理论完成情况	
技能训练情况	
任务完成情况	
任务创新情况	
材料上交情况	
有益的经验和做法	
总结、反思及建议	

表 2-3-13 学生互评表

序号	评价项目	小组互评				
1	任务是否按时完成	5☐	4☐	3☐	2☐	1☐
2	材料完成上交情况	5☐	4☐	3☐	2☐	1☐
3	完成质量	5☐	4☐	3☐	2☐	1☐
4	语言表达能力	5☐	4☐	3☐	2☐	1☐
5	小组成员合作面貌	5☐	4☐	3☐	2☐	1☐
6	创新点	5☐	4☐	3☐	2☐	1☐
7	简要评述					

表 2-3-14 教师评分表

工序	作业步骤	配分	评分标准	扣分	得分
准备工作	1. 确定人数	5	小组点名,根据考勤情况打分。缺勤个人得分为零		
	2. 作业安排及人员分工	5	能合理分配小组作业人员。得分为作业人员正确率×5分基础分,计算至小数点后两位		
	3. 选择作业工机具和材料	15	选择正确的工机具及数量/总计需要选择的工机具及数量×15分基础分,计算至小数点后两位		

续表

工序	作业步骤	配分	评分标准	扣分	得分
现场作业	1. 设置安全防护	55	正确步骤的总得分/所有操作步骤的总分×55分基础分,计算至小数点后两位		
	2. 测量轨温				
	3. 检查、划橛				
	4. 松扣件				
	5. 调整标准股扣板扣件				
	6. 改正对面股轨距				
	7. 拧紧扣件				
验收总结	1. 作业回检	10	根据回检测量情况,判断作业是否正常。判断正确得分,错误不得分		
	2. 回收工机具	10	已回收的工机具材料数量/总计需要选择回收的工机具材料数量×10分基础分,计算至小数点后两位		
	3. 撤除防护	/	/		
	4. 工作总结	/	/		
合计					

表 2-3-15 教师评价表

序号	评价项目	自我评价	互相评价	教师评价	综合评价
1	学习准备				
2	引导问题填写				
3	规范操作				
4	完成质量				
5	关键操作要点掌握				
6	完成速度				
7	参与讨论主动性				
8	沟通协作				
9	待改善环节				

复盘：根据小组作业结果，小组讨论、分析有待改进之处及预防措施。

_____
_____
_____
_____
_____
_____

情景4　捣固作业

情景导引

20××年6月25日，西藏首条电气化铁路川藏铁路拉萨—林芝段的"拉林铁路"开通运营，结束了藏东南地区不通铁路的历史，进一步完善了区域综合交通运输体系。作为雪域高原的第二条"天路"，拉林铁路的开通运营，不仅完善了西藏的路网结构，促进沿线民众交往交流，更为当地群众的工作和生活带来福祉。

20××年4月7日，拉林铁路进行了开通运营以来的首次全线捣固作业，巩固线路质量、改善行车平顺性。该次捣固作业主要采用铁路大型养路机械捣固车，捣固车可一次性完成线路起道、拨道、抄平、捣固、枕端夯实等作业，横向、纵向、垂直下压、高频振动等工作，可消除石碴之间的间隙，使道床结构更加密实，提高线路的稳定性和旅客乘坐的舒适性。而对于小范围内的捣固作业，其作用原理与大型机械捣固车相同，只不过使用的是小型液压捣固机，小型液压捣固机作业主要包括：下插镐板、夹实镐板、提升镐板和转移捣固机4个步骤。下插镐板时需垂直，不得撞击钢轨、轨枕及联接零件，遇阻力时应边下插边略作张合动作，镐板上缘应插到轨枕底面下30~40 mm；镐板下插到位后即开始夹实；每捣完一根轨枕后，2台捣固机要同时提升镐板，此时注意严禁镐板在夹实状态下提升；最后提升镐边推移捣固机，走圆弧形，并不得碰撞轨枕及零件。

学 习 情 景

任务描述

随着车辆载重的增加，列车行驶在轨道上时，对钢轨和道床的冲击也变大，这使得道床和钢轨更容易松动。20××年9月3日，××铁路局对××段线路进行日常检查时发现××线K51+300 m处道床松动，现需组织工务段人员对该处道床进行捣固。

学习目标

【知识目标】

1. 掌握捣固的作业安全要求。
2. 掌握捣固的作业程序。
3. 掌握捣固的规范要求。

【能力目标】

1. 熟练使用小型液压捣固机。
2. 根据线路情况判断是否需要进行捣固作业。
3. 小组按作业要求合作完成捣固任务。
4. 正确填报检查记录表,按规定进行任务的销记。

【素质目标】

1. 操作精准,确保捣固作业的准确性,提高线路质量。
2. 吃苦耐劳,能在艰苦的作业环境中坚持工作。
3. 具有解决问题的能力,及时发现并解决捣固作业中出现的问题。
4. 安全警觉性强,始终保持对安全的高度警惕。
5. 树立正确的质量观念,保证作业效果。
6. 学习与创新,不断学习新知识、新技能,积极探索更好的作业方法。
7. 具有责任心与敬业精神,对工作充满热情,认真负责地完成捣固任务。

任务资讯

表 2-4-1 派工单

接收人		编制		审核		日期	
使用车间名称				线名		行别	
盯岗干部				作业等级		天窗类型	
作业负责人		驻站联络员		现场防护员		远端防护员	
作业人员						合计	
其他人员							
防洪呼叫点				G网手机号			
施工(维修)安排	作业项目			工作量配置			
	车站或区间			计划出乘时间			
	封锁里程			计划封锁时间			

续表

班会前结束人员签到	作业负责人		作业结束下道前作业负责人清点人员
	驻站联络员		
	现场防护员		
	作业人员		
	车间盯岗干部		
作业完成情况总结			

（问题引导）

问题1：铁路线路在什么情况下需要进行捣固作业？

_____

_____

_____

问题2：使用小型液压捣固机作业时有哪些注意事项？

_____

_____

_____

问题3：简述道床捣固现场作业流程。

_____

_____

_____

小提示 Tips

1. 捣固作业目的：调整轨道几何状态不平顺，保证枕下道床的强度均匀、坚实，提高道床石碴的密实度，增加轨道的稳定性，消除轨道的方向偏差（左、右水平偏差和前、后高低偏差），使轨道线路达到线路设计标准和线路维修规则的要求，保证列车的安全运行。

2. 小型液压捣固机作业的注意事项：① 落镐位置准确，左右以钢轨为中心偏差不超过 20 mm，前后以轨枕为中心偏差不超过 30 mm，镐掌上缘下插至轨枕底面下 20~30 mm；② 各轨枕下捣固密实、强度均匀，钢轨与胶垫之间不得有间隙。

3. 在封锁命令下达后，现场防护员执行"手比、眼看、口呼"，设置移动停车信号牌。

4. 除去被测量的钢轨表面的铁锈污物，将仪表吸附在钢轨表面，5 min 后可以读出仪表的数值，该数值即为钢轨的表面温度。需要连续测量时，可将温度计吸附在钢轨腰部位。

5. 打开捣固机机罩,确认小型液压捣固机各部件齐全、良好,检查紧固螺栓。

6. 操作者在确认施工领导人发出上道作业信号后,方准推机上道。每台捣固机1人操作,另1人做辅助工作。

7. 起道时将起道机放置在钢轨底部,使钢轨底部与起道轮接触,轨底侧面与限位挡铁接触,然后拨倒手提梁,关闭回油阀。

8. 捣固机要定位,镐板在轨枕前后和钢轨前后的距离要均匀。

9. 镐板下插到位后即开始夹实。夹实时,镐板加到行程终端后,应持续夹实2~3 s。一般情况下,小腰(3根)夹1次,大腰夹2次,接头(两侧各两根)夹2~3次。

10. 先将镐板提到最高位置,由辅助人员协助推下线路。下道后,应将镐板降到最低位置,并将夹实油缸活塞全部压下缸筒之内,固定捣固机。

11. 夯实拍平,使道床均匀饱满。

制 订 计 划

按照收集资讯和决策过程,制订捣固计划,计划包括施工准备、操作工艺流程及安全交底。

表 2-4-2 工作方案

步骤	工作内容	负责人

表 2-4-3 工具、耗材和器材清单

序号	名称	型号与规格	单位	数量	备注

表 2-4-4　人员分工

班级：	组号：	指导老师：	组长：
组员：			

任务分工	人员类型	人员数量	人员姓名
人员总计			

表 2-4-5　工时计划

作业流程	计划工时	实际工时	工时偏差
点名分工			
安全预想			
工机具检查			
设置防护			
上道作业			
作业质量回检			
合计			

表 2-4-6　成本核算

序号	名称	数量	单价	小计
1				
2				
3				
4				
5				
合计				

模块二　基本作业

作业准备

1. 点名与分工确认

表 2-4-7　点名签字表

序号	人员类型	作业职责	签字
1			
2			
3			
4			
备注		施工（作业）负责人确认无误☐	

2. 安全预想

表 2-4-8　风险卡控

序号	主要风险点	卡控措施

3. 工机具检查

表 2-4-9　机具点检

名称	数量	是否无误	备注
		☐	
		☐	
		☐	
		☐	
		☐	
	施工（作业）负责人确认无误☐		

4. 防护准备

（1）施工作业（一次起道量超过 40 mm）：办理_____手续，使用_____停车信号防护。设有_____、_____、_____等。作业负责人由_____（或委托车间副主任及以上人员）担任。

（2）维修作业（一次起道量不超过40 mm）：办理_____手续,利用_____时间作业,设置_____、_____。用电话或对讲机联系,掌握列车运行情况_____及时发出预报、确报信号,工地设停车手信号防护,作业负责人由_____担任,车间干部监控。

操 作 实 施

1. 作业任务

分组完成铁路线路捣固作业。根据提示,分组对××局管内××线K51+300 m道床松动处进行捣固处理,使其符合规范标准。

2. 现场作业

微课　捣固作业

3. 实操记录表

表2-4-10　实操记录表

作业范围		记录时间		作业内容	
项目		作业前	作业后	线路类型	
轨距（mm）					
水平（mm）				核查人员	
高低（mm）					
轨向（直线）（mm）				作业负责人	
三角坑	缓和曲线（mm）			是否符合作业要求□	
	直线和圆曲线（mm）				

小提示 Tips

作业流程如图2-4-1所示。

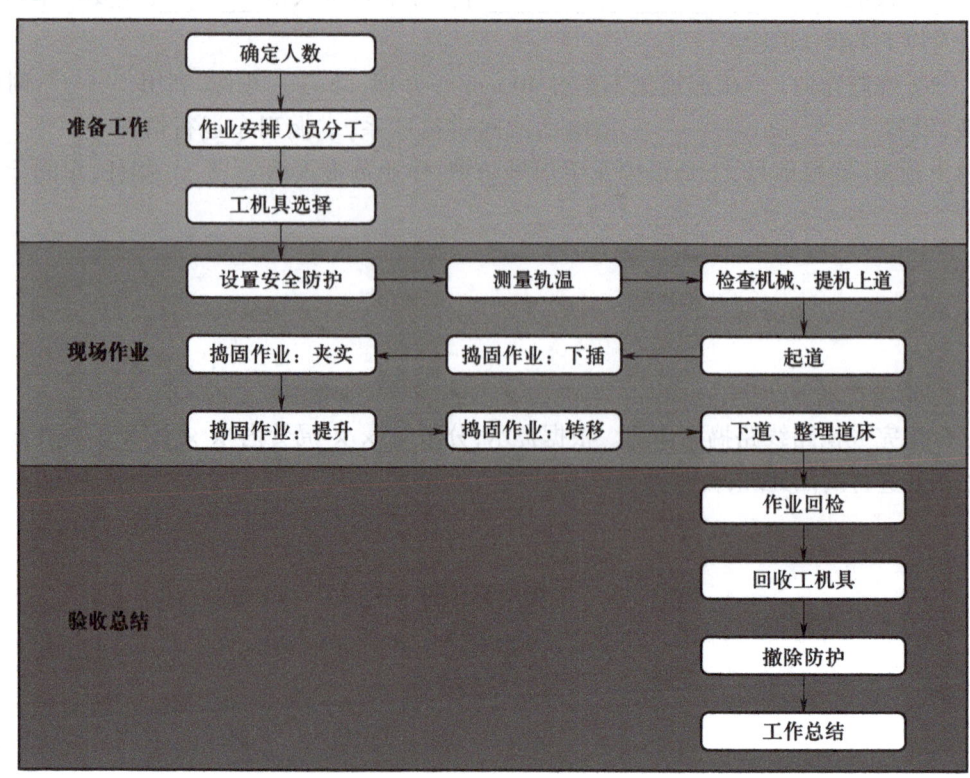

图 2-4-1 作业流程图

技 术 移 交

表 2-4-11 技术移交表

任务项目	关键要点	完成情况
任务资讯	任务单填写	
	问题导引解答	
制订计划	作业方案制订	
	工机具选取	
	人员分配	
	成本核算	
作业准备	安全预想	
	人员机具检查	
操作实施	作业实施	
	作业记录	

评 价 反 馈

表 2-4-12 学生自评表

任务	完成情况记录
任务是否按时完成	
相关理论完成情况	
技能训练情况	
任务完成情况	
任务创新情况	
材料上交情况	
有益的经验和做法	
总结、反思及建议	

表 2-4-13 学生互评表

序号	评价项目	小组互评				
1	任务是否按时完成	5□	4□	3□	2□	1□
2	材料完成上交情况	5□	4□	3□	2□	1□
3	完成质量	5□	4□	3□	2□	1□
4	语言表达能力	5□	4□	3□	2□	1□
5	小组成员合作面貌	5□	4□	3□	2□	1□
6	创新点	5□	4□	3□	2□	1□
7	简要评述					

表 2-4-14 教师评分表

工序	作业步骤	配分	评分标准	扣分	得分
准备工作	1. 确定人数	5	小组点名,根据考勤情况打分。缺勤个人得分为零		
	2. 作业安排及人员分工	5	能合理分配小组作业人员。得分为作业人员正确率×5分基础分,计算至小数点后两位		
	3. 选择作业工机具和材料	15	选择正确的工机具及数量/总计需要选择的工机具及数量×15分基础分,计算至小数点后两位		

续表

工序	作业步骤	配分	评分标准	扣分	得分
现场作业	1. 设置安全防护	55	正确步骤的总得分/所有操作步骤的总分×55分基础分,计算至小数点后两位		
	2. 测量轨温				
	3. 检查机械				
	4. 提机上道				
	5. 起道				
	6. 捣固作业:下插				
	7. 捣固作业:夹实				
	8. 捣固作业:提升				
	9. 捣固作业:转移				
	10. 下道				
	11. 整理道床				
验收总结	1. 作业回检	10	根据回检测量情况,判断作业是否正常。判断正确得分,错误不得分		
	2. 回收工机具	10	已回收的工机具材料数量/总计需要选择回收的工机具材料数量×10分基础分,计算至小数点后两位		
	3. 撤除防护	/	/		
	4. 工作总结	/	/		
合计					

表 2-4-15 教师评价表

序号	评价项目	自我评价	互相评价	教师评价	综合评价
1	学习准备				
2	引导问题填写				
3	规范操作				
4	完成质量				
5	关键操作要点掌握				
6	完成速度				
7	参与讨论主动性				
8	沟通协作				
9	待改善环节				

复盘：根据小组作业结果，小组讨论、分析有待改进之处及预防措施。

_____
_____
_____
_____
_____

情景5　垫板修正作业

情景导引

钢轨和轨枕之间轨下垫板是轨道结构中的重要部件之一，在轮轨动力系统中起着重要的减振作用。普速铁路线路混凝土轨枕区段，常采用垫（撤）轨下垫板方法调整轨道高低平顺度，消灭线路高低、水平及三角坑病害。垫（撤）轨下垫板时操作如下：首先用液压起拨道器将钢轨顶起，起高量以能撤下胶垫板为宜；其次撤除旧胶垫板，并将承轨槽面清除干净；再根据情况决定更换或者调整橡胶垫板；再次将胶垫板位置放正，钢轨就位，撤下液压起拨道器，上好扣件检查轨距是否符合作业标准，将螺帽拧紧；最后收工前对扣件螺栓复拧一遍。

学习情景

任务描述

2011年4月7日，××铁路局××工务段人员进行铁路线路日常养护时发现，K288+280 m处存在轨道高低不平顺，且超出了安全限值，现需对该处线路进行紧急处理。

学习目标

【知识目标】
1. 了解垫板的型号分类。
2. 理解不同类型垫板的作用。
3. 掌握垫板修正作业程序。

【能力目标】
1. 准确分辨垫板的类型和功用。

2. 正确选取需要更换的垫板类型。
3. 熟练掌握垫板修正作业程序。

【素质目标】
1. 态度严谨认真,以一丝不苟的态度对待每一个细节,确保作业质量。
2. 具有安全意识,时刻牢记安全操作规程,保障自身及铁路运营安全。
3. 团队协作能力强,与同事密切配合,高效完成作业任务。
4. 富有责任心,对工作高度负责,尽心尽力履行职责。
5. 专业技能提升,不断学习和提高自身技能,适应铁路作业的要求。
6. 随机应变,能够灵活应对各种突发情况,并迅速做出正确的处理。
7. 遵守纪律,严格遵守作业纪律和规章制度。

任务资讯

表 2-5-1　派工单

接收人		编制		审核		日期	
使用车间名称				线名		行别	
盯岗干部				作业等级		天窗类型	
作业负责人		驻站联络员		现场防护员		远端防护员	
作业人员						合计	
其他人员							
防洪呼叫点				G网手机号			
施工(维修)安排		作业项目		工作量配置			
		车站或区间		计划出乘时间			
		封锁里程		计划封锁时间			
班会前结束人员签到		作业负责人			作业结束下道前作业负责人清点人员		
		驻站联络员					
		现场防护员					
		作业人员					
		车间盯岗干部					
作业完成情况总结							

（问题引导）

问题1：垫板有哪些类型，分别起什么作用？

_____

_____

问题2：垫板修正可以解决轨道几何形位的哪些问题？

_____

_____

_____

问题3：简述垫板修正现场作业流程。

_____

_____

_____

小提示 Tips

1. 按照构造不同分类：轨下弹性垫层有板钉结构、沟槽结构和平板结构。板钉结构和沟槽结构的弹性垫板通过剪切形变和挠曲提供高的回弹力，弹性恢复速度快，在垂向动态力的作用下，形变振幅大，能充分发挥弹性垫层的综合使用效果。因此板钉和沟槽结构的弹性垫板，可以用于设计良好隔震性能的弹性垫板。按照铺设位置不同分类：轨下弹性垫层以铁垫板为界，分为铁垫板上弹性垫层和铁垫板下弹性垫层。

2. 在封锁命令下达后，现场防护员执行"手比、眼看、口呼"，设置移动停车信号牌。

3. 除去被测量的钢轨表面的铁锈污物，将仪表吸附在钢轨表面，5 min 后可以读出仪表的数值，该数值即为钢轨的表面温度。需要连续测量时，可将温度计吸附在钢轨腰部位。

4. 用扳手松开扣件螺栓，一次松动扣件数量不超过规定轨枕根数，小曲线半径酌情减少，松动螺栓时严禁使用蛮力，防止扳手脱口。

5. 钢轨抬起高度不宜超过 10~15 mm。

6. 使用专用小扁铲垫入或撤出垫片，调高垫板应垫在橡胶垫板与轨枕顶面之间，每处调高垫板不得超过 2 块，总厚度不得超过 10 mm。使用调高扣件的混凝土枕、混凝土宽枕，每处调高垫板不得超过 3 块，总厚度不得超过 20 mm（大调高量扣件除外）。完成后松开起道机使钢轨落槽。

7. 将螺栓涂油并将扣件按要求复位，用扳手将螺栓拧紧。

8. 扣件应保持齐全，位置正确，确保作用良好。Ⅰ型、Ⅱ型弹条中部前端下颚与轨距挡板离缝作业后不应大于 1 mm，日常保持不宜大于 2 mm。Ⅲ型弹条小圆弧内侧与预埋铁座端部相距 8~10 mm。小阻力扣件弹条中部前端下颚与钢轨离缝作业后不应大于 1 mm，日常保持不宜大于 2 mm。分开式弹性扣件与木枕联结应紧密，当钢轨受车轮横向力作用时不得产生相对位移和扭转离缝。扣板、轨距挡板应靠贴轨底边。扣板（弹片）扣件扭矩应保持 80~140 N·m。

制 订 计 划

按照收集资讯和决策过程，制订垫板修正计划，计划包括施工准备、操作工艺流程及安全交底。

表 2-5-2　工作方案

步骤	工作内容	负责人

表 2-5-3　工具、耗材和器材清单

序号	名称	型号与规格	单位	数量	备注

表 2-5-4　人员分工

班级：	组号：	指导老师：	组长：
组员：			
任务分工	人员类型	人员数量	人员姓名
人员总计			

表 2-5-5 工时计划

作业流程	计划工时	实际工时	工时偏差
点名分工			
安全预想			
工机具检查			
设置防护			
上道作业			
作业质量回检			
合计			

表 2-5-6 成本核算

序号	名称	数量	单价	小计
1				
2				
3				
4				
5				
合计				

作 业 准 备

1. 点名与分工确认

表 2-5-7 点名签字表

序号	人员类型	作业职责	签字
1			
2			
3			
4			
备注		施工（作业）负责人确认无误□	

2. 安全预想

表 2-5-8　风险卡控

序号	主要风险点	卡控措施

3. 工机具检查

表 2-5-9　机具点检

机具名称	数量	是否无误	备注
施工（作业）负责人确认无误□			

4. 防护准备

（1）调高垫板应垫在橡胶垫板与轨枕顶面之间，每处调高垫板不得超过_____块，总厚度不得超过_____mm。

（2）使用调高扣件的混凝土枕、混凝土宽枕，每处调高垫板不得超过_____块，总厚度不得超过_____mm（大调高量扣件除外）。

（3）实际垫高量 = _____ + _____ + _____。

操 作 实 施

1. 作业任务

分组完成铁路线路垫板修正作业（销记台账）。

小提示 Tips

作业流程如图 2-5-1 所示。

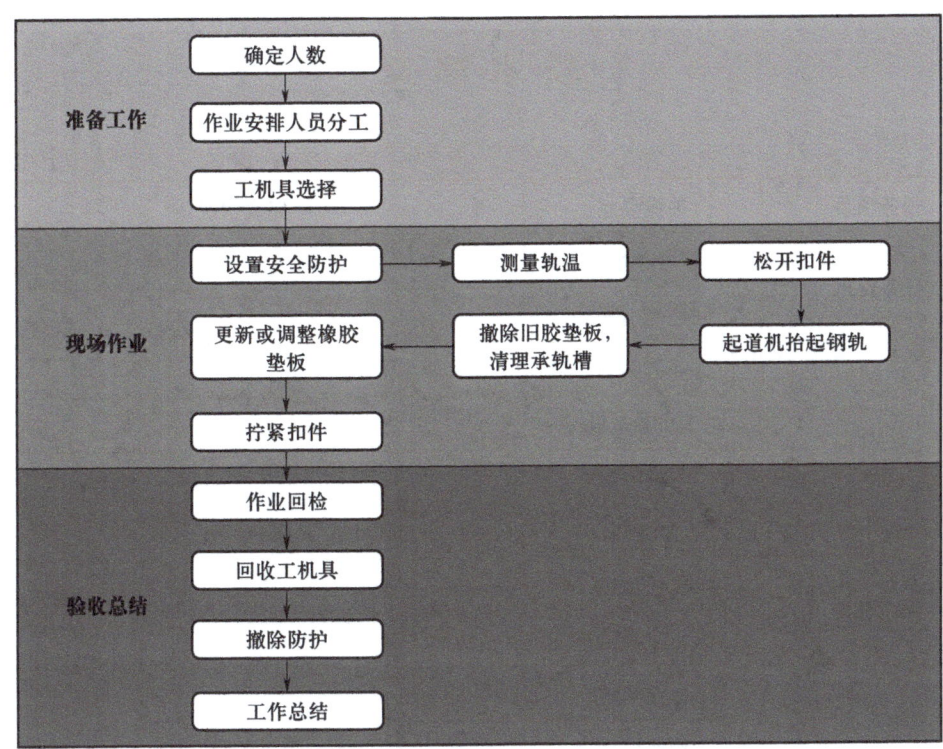

图 2-5-1 作业流程图

2. 现场作业

微课 垫板作业流程及操作要点

3. 实操记录表

表 2-5-10 实操记录表

作业范围		记录时间		作业内容	
项目		作业前	作业后	线路类型	
轨距（mm）					
水平（mm）				核查人员	
高低（mm）					
轨向（直线）（mm）				作业负责人	
三角坑	缓和曲线（mm）			是否符合作业要求□	
	直线和圆曲线（mm）				

模块二 基本作业

技 术 移 交

表 2-5-11　技术移交表

任务项目	关键要点	完成情况
任务资讯	任务单填写	
	问题导引解答	
制订计划	作业方案制订	
	工机具选取	
	人员分配	
	成本核算	
作业准备	安全预想	
	人员机具检查	
操作实施	作业实施	
	作业记录	

评 价 反 馈

表 2-5-12　学生自评表

任务	完成情况记录
任务是否按时完成	
相关理论完成情况	
技能训练情况	
任务完成情况	
任务创新情况	
材料上交情况	
有益的经验和做法	
总结、反思及建议	

表 2-5-13 学生互评表

序号	评价项目	小组互评				
1	任务是否按时完成	5 □	4 □	3 □	2 □	1 □
2	材料完成上交情况	5 □	4 □	3 □	2 □	1 □
3	完成质量	5 □	4 □	3 □	2 □	1 □
4	语言表达能力	5 □	4 □	3 □	2 □	1 □
5	小组成员合作面貌	5 □	4 □	3 □	2 □	1 □
6	创新点	5 □	4 □	3 □	2 □	1 □
7	简要评述					

表 2-5-14 教师评分表

工序	作业步骤	配分	评分标准	扣分	得分
准备工作	1. 确定人数	5	小组点名,根据考勤情况打分。缺勤个人得分为零		
	2. 作业安排及人员分工	5	能合理分配小组作业人员。得分为作业人员正确率×5分基础分,计算至小数点后两位		
	3. 选择作业工具和材料	15	选择正确的工具及数量/总计需要选择的工具及数量×15分基础分,计算至小数点后两位		
现场作业	1. 设置安全防护 2. 测量轨温 3. 松开扣件 4. 起道机抬起钢轨 5. 撤除旧胶垫板,清理承轨槽 6. 垫入垫片 7. 复紧扣件	55	正确步骤的总得分/所有操作步骤的总分×55分基础分,计算至小数点后两位		
验收总结	1. 作业回检	10	根据回检测量情况,判断作业是否正常。判断正确得分,错误不得分		
	2. 回收工机具	10	已回收的工机具材料数量/总计需要选择回收的工机具材料数量×10分基础分,计算至小数点后两位		
	3. 撤除防护	/	/		
	4. 工作总结	/	/		
合计					

表 2-5-15　教师评价表

序号	评价项目	自我评价	互相评价	教师评价	综合评价
1	学习准备				
2	引导问题填写				
3	规范操作				
4	完成质量				
5	关键操作要点掌握				
6	完成速度				
7	参与讨论主动性				
8	沟通协作				
9	待改善环节				

复盘：根据小组作业结果，小组讨论、分析有待改进之处及预防措施。

_____

_____

_____

模块三 钢轨作业

情景1 单根钢轨换轨作业

情景导引

19××年8月23日7时34分,由××站发出的1818次货物列车在陇海线××东—××间穿越十里山二号隧道时(该隧道里程为K1725+326.3 m至K1725+505.7 m,全长179.4 m),在K1725+437.5 m钢轨接头处,机后第6、7位油罐车厢脱轨颠覆,第8至23位16个油罐车近900 t油在隧道内起火燃烧(根据该站《列车编组顺序表》,1—2节是机械油;3节是汽油;4节是机械油;5—10节是柴油;13—28节是汽油,因此1818次是以油罐车为主的列车),火焰从东西两个隧道口窜出高达30 m,线路行车中断,事故发生后,国务院领导高度重视并作指示,经铁道部领导亲临指挥,在各单位大力支持下,历经九天八夜灭火、起复、加固维修,于19××年8月31日17时30分开通线路,恢复运行。

造成损失:中断××线××段行车201小时56分,3名押运人员死亡,报废货车车辆23辆,隧道裂损179 m,损坏线路763 m,直接经济损失240万元。

经查,本次事故发生前13分钟,即1818次列车通过之前,187次旅客列车通过该处时,列车发生了强烈震动,险些造成旅客列车倾覆,此时该处双侧夹板已经折断。当1818次列车通过此处时,由于机车车轮强力冲击,导致距轨端412 mm处钢轨折断,整段长400 mm的钢轨翻落道床,列车随即脱轨。钢轨存在疲劳损伤,没有及时发现和更换,造成钢轨折断,这是本次事故的直接原因,事故定××铁路局全部责任,相关责任人均受到问责和处分。

学习情景

任务描述

20××年×月×日,7时43分,K859/860次列车运行至从××站开出。位于××站前方××线A至B区间段内K1466+400 m处,巡道发现出现伤轨。

钢轨铺设在线路上，飞驰的火车车轮会对钢轨施加动荷载与冲击的双重作用。钢轨如有较大的损伤，极易在列车经过时突然折断，造成脱线翻车的严重事故。因此，为了恢复轨道完整、良好状态，确保行车安全，中修队需进行更换伤轨的作业。

学习目标

【知识目标】

1. 掌握单根钢轨换轨的作业安全要求。
2. 掌握单根钢轨换轨的作业程序。
3. 掌握单根钢轨换轨的规范要求。
4. 掌握单根钢轨换轨的作业工具。

【能力目标】

1. 熟练掌握单根钢轨换轨作业程序。
2. 小组按作业安全要求合作完成单根钢轨换轨任务。
3. 正确填报检查记录表，按规定进行任务的销记。

【素质目标】

1. 具有良好的职业道德和严谨科学的工作态度。
2. 具有爱岗敬业、吃苦耐劳、团队协作、不断学习的精神。
3. 具有较强的沟通协调和组织能力。
4. 具有自我管理和学习能力。

任 务 资 讯

表 3-1-1　派工单

接收人		编制		审核		日期	
使用车间名称				线名		行别	
盯岗干部				作业等级		天窗类型	
作业负责人		驻站联络员		现场防护员		远端防护员	
作业人员						合计	
其他人员							
防洪呼叫点				G网手机号			
施工（维修）安排	作业项目			工作量配置			
	车站或区间			计划出乘时间			
	封锁里程			计划封锁时间			

续表

班会前结束人员签到	作业负责人		作业结束下道前作业负责人清点人员
	驻站联络员		
	现场防护员		
	作业人员		
	车间盯岗干部		
作业完成情况总结			

（问题引导）

问题 1：单根钢轨换轨作业之前需要完成哪些准备工作？用自己的语言进行描述。

_____

_____

问题 2：简述单根钢轨换轨现场作业流程。

_____

_____

_____

小提示 Tips

1.《普速铁路工务安全规则》（TG/GW 101—2023）第 2.7.2 条规定

在自动闭塞的电气化区段上更换钢轨时，应遵守以下规定：

在同一地点同时更换两股钢轨时，无论该地段接触网是否停电，换轨前必须在被换钢轨两端的左右轨节间横向各设一条截面不小于 70 mm² 的铜导线，在被换一股钢轨两端轨节间纵向安装一条截面不小于 70 mm² 的铜导线。铜导线两端用夹子牢固夹持在相邻的轨底上，夹持位置应除锈，如图 3-1-1 所示。作业完毕后方准拆除地线和铜导线。

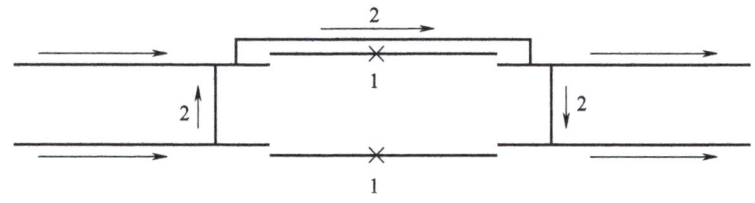

1—被更换钢轨；2—铜导线

图 3-1-1 操作示意（自动闭塞的电气化区段）

2.《普速铁路工务安全规则》（TG/GW 101—2023）第 2.7.3 条规定

在非自动闭塞的电气化区段上更换钢轨时，应遵守下列规定：

换轨前应在被换钢轨两端轨节间纵向安设一条截面不小于 70 mm² 的铜导线。铜导线两端牢固夹持在相邻的轨底上，夹持位置应除锈，如图 3-1-2 所示。作业完毕后方准拆除铜导线。

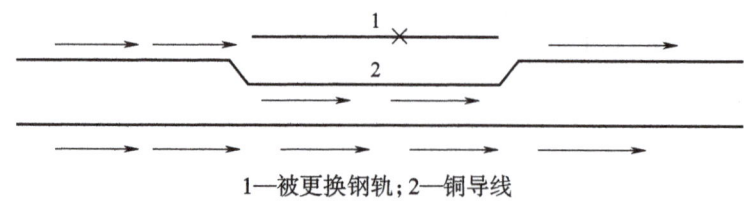

1—被更换钢轨；2—铜导线

图 3-1-2　操作示意（非自动闭塞的电气化区段）

制 订 计 划

按照收集资讯和决策过程，制订钢轨换轨作业计划，计划包括施工准备、操作工艺流程及安全交底。

表 3-1-2　工作方案

步骤	工作内容	负责人

表 3-1-3　工具、耗材和器材清单

序号	名称	型号与规格	单位	数量	备注

表 3-1-4　人员分工

班级：		组号：		指导老师：		组长：
组员：						
任务分工		人员类型		人员数量		人员姓名
		人员总计				

表 3-1-5　工时计划

作业流程	计划工时	实际工时	工时偏差
点名分工			
安全预想			
工机具检查			
设置防护			
上道作业			
作业质量回检			
合计			

表 3-1-6　成本核算

序号	名称	数量	单价	小计
1				
2				
3				
4				
5				
合计				

作业准备

1. 点名与分工确认

表3-1-7　点名签字表

序号	人员类型	作业职责	签字
1			
2			
3			
4			
备注		施工（作业）负责人确认无误□	

2. 安全预想

表3-1-8　风险卡控

序号	主要风险点	卡控措施

3. 工机具检查

表3-1-9　机具点检

机具名称	数量	是否无误	备注
		□	
		□	
		□	
		□	
	施工（作业）负责人确认无误□		

4. 防护准备

针对本次作业，除使用信号标记，如停车信号、减速信号之外，还需根据实际情况设置防护信号标志，请简述本次防护信号标志的具体设置。

_____

_____

_____

> **小提示 Tips**

在工务作业时,除使用移动信号外,还需使用作业标和减速地点标,各标志的具体设置位置及作用如下。

1. 移动信号

在区间线路上封锁施工时,使用移动停车信号的防护方法如图 3-1-3 所示。

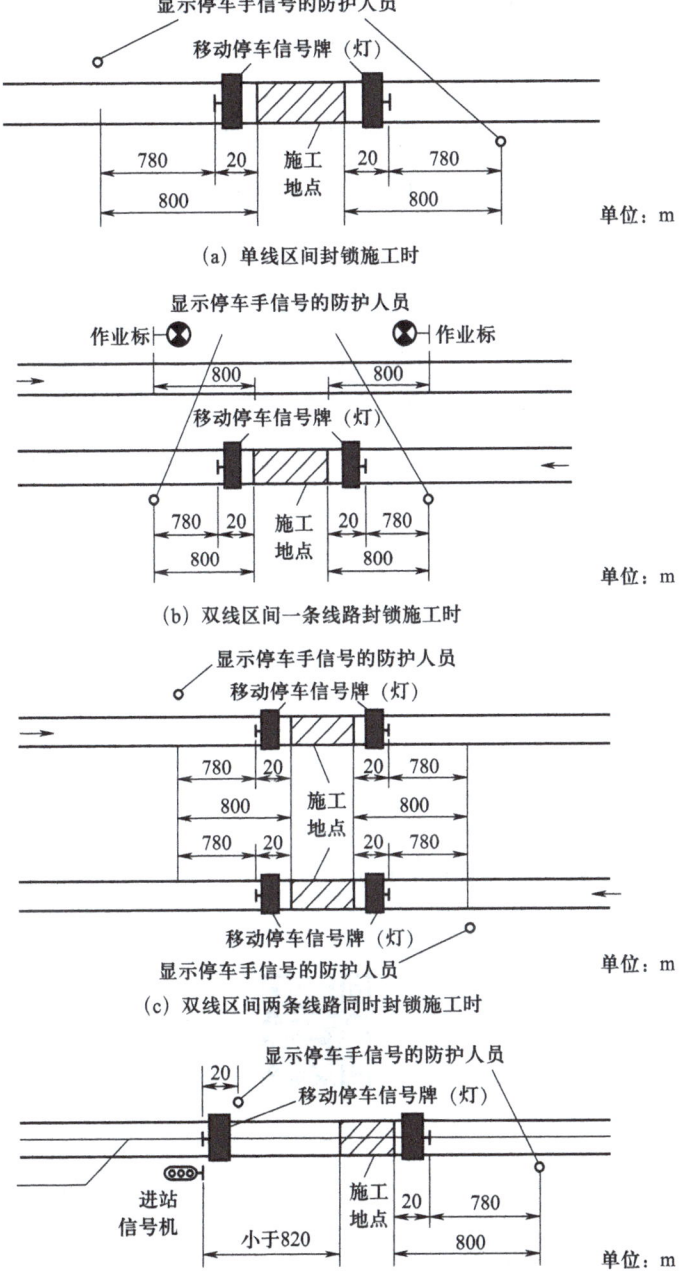

图 3-1-3　使用移动停车信号的防护方法

现场防护人员应站在距施工地点 800 m 附近,且瞭望条件较好的地点显示停车手信号;施工作业地点在站外,距离进站信号机(反方向进站信号机)小于 820 m 时,现场防护人员应站在距进站信号机(反方向进站信号机)20 m 附近;在尽头线上施工,施工负责人经与车站值班员联系确认尽头一端无列车、轨道车时,则尽头一端可不设防护。施工地点与防护人员间瞭望条件不良且无电话联系时,应增设中间防护人员。

2. 作业标

设置在施工线路及邻线距施工位置两端 500~1 000 m 处,列车司机监测到标志后需提高警惕,长鸣铃笛示意。作业标样式如图 3-1-4(a)所示。

3. 减速地点标

设置在需要减速的地点两端各 20 m 处。正面表示列车可以按规定速度通行此地段起始点,背面表示列车可以按规定速度通行此地段终点。减速地点标样式如图 3-1-3(b)、图 3-1-4(c)所示。

(a) 作业标　　(b) 减速地点标(正面)　　(c) 减速地点标(反面)

图 3-1-4　作业标及减速地点标

凡用停车信号防护的施工地点,在停车信号撤除后,列车需减低速度通过施工地点时,应按减速信号防护办法防护。

操 作 实 施

1. 作业任务

分组完成铁路线路单根钢轨换轨作业。

2. 现场作业

微课　单根钢轨换轨作业流程及操作要点

3. 实操记录表

表 3-1-10 实操记录表

作业范围		记录时间		作业内容	
项目		作业前	作业后	线路类型	
开始时间					
完成时间					
轨温			/	记录人员	
轨距					
水平				核查人员	
高低					
轨向（直线）				作业负责人	
三角坑	缓和曲线			是否符合作业要求□	
	直线和圆曲线				

小提示 Tips

作业流程如图 3-1-5 所示。

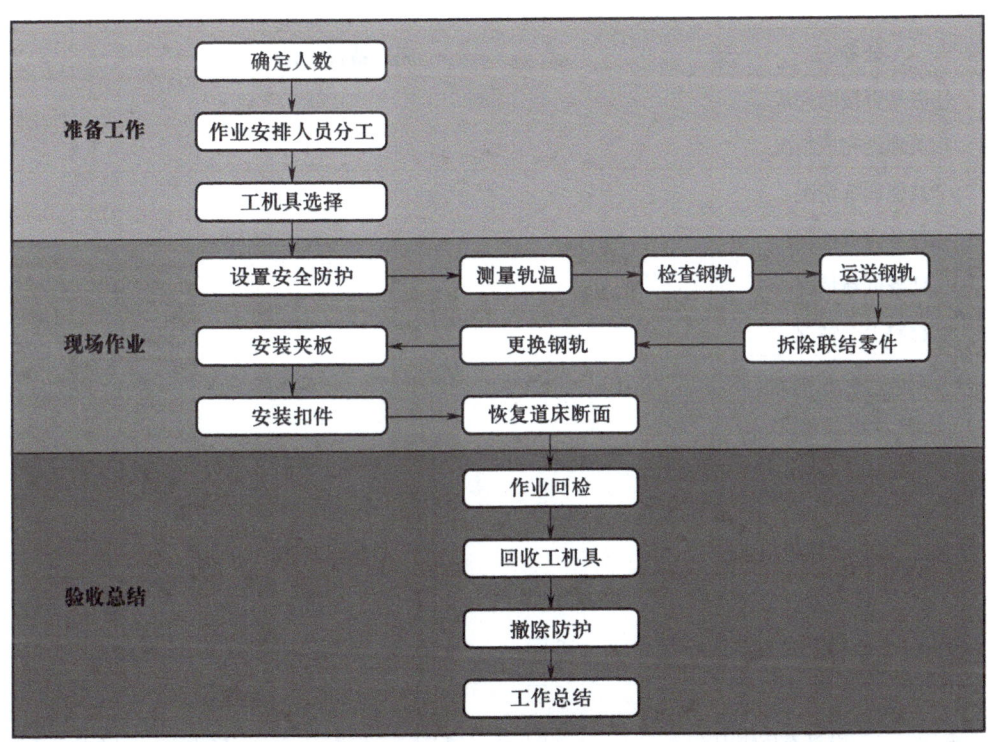

图 3-1-5 作业流程图

模块三 钢轨作业 123

技 术 移 交

表 3-1-11 项目完成情况记录表

任务项目	关键要点	完成情况
任务资讯	任务单填写	☐
	问题导引解答	☐
制订计划	作业方案制订	☐
	工机具选取	☐
	人员分配	☐
	成本核算	☐
作业准备	安全预想	☐
	人员机具检查	☐
操作实施	作业实施	☐
	作业记录	☐

评 价 反 馈

表 3-1-12 学生自评表

任务	完成情况记录
任务是否按时完成	
相关理论完成情况	
技能训练情况	
任务完成情况	
任务创新情况	
材料上交情况	
有益的经验和做法	
总结、反思及建议	

表 3-1-13 学生互评表

序号	评价项目	小组互评				
1	任务是否按时完成	5☐	4☐	3☐	2☐	1☐
2	材料完成上交情况	5☐	4☐	3☐	2☐	1☐
3	完成质量	5☐	4☐	3☐	2☐	1☐
4	语言表达能力	5☐	4☐	3☐	2☐	1☐

续表

序号	评价项目	小组互评				
5	小组成员合作面貌	5☐	4☐	3☐	2☐	1☐
6	创新点	5☐	4☐	3☐	2☐	1☐
7	简要评述					

表 3-1-14　教师评分表

工序	作业步骤	配分	评分标准	扣分	得分
准备工作	1. 确定人数	5	小组点名,根据考勤情况打分。缺勤个人得分为零		
	2. 作业安排及人员分工	5	能合理分配小组作业人员。得分为作业人员正确率×5分基础分,计算至小数点后两位		
	3. 工机具准备及检查	15	选择正确的工机具及数量/总计需要选择的工机具及数量×15分基础分,计算至小数点后两位		
现场作业	1. 设置安全防护 2. 测量轨温 3. 检查钢轨状态 4. 运送钢轨 5. 拆除轨道加强设备、接头夹板及扣件 6. 更换钢轨 7. 安装夹板 8. 安装扣件 9. 恢复道床断面	55	正确步骤的总得分/所有操作步骤的总分×55分基础分,计算至小数点后两位		
验收总结	1. 作业回检	10	根据回检测量情况,判断作业是否正常。判断正确得分,错误不得分		
	2. 回收工机具	10	已回收的工机具材料数量/总计需要选择回收的工机具材料数量×10分基础分,计算至小数点后两位		
	3. 撤除防护	/	/	/	/
	4. 工作总结	/	/	/	/
合计					

表 3-1-15　教师评价表

序号	评价项目	自我评价	互相评价	教师评价	综合评价
1	学习准备				
2	引导问题填写				
3	规范操作				
4	完成质量				
5	关键操作要点掌握				
6	完成速度				
7	参与讨论主动性				
8	沟通协作				
9	待改善环节				

复盘：根据小组作业结果，小组讨论、分析有待改进之处及预防措施。

_____
_____
_____

情景 2　调整轨缝作业

情 景 导 引

20××年×月×日××时××分，65××次旅客列车准备进入××线××站，××时××分，65××次列车越过了××站的进站信号机，运行至××站 2 号道岔时后发生脱轨，脱轨位置位于××线 526 km 15 号轨处，其中机后第 7 位车厢在脱轨后侵入了××线下行正线导致××线上下行线中断。工程抢险列车赶到后，于××时××分将侵入下行线的车厢复轨，期间导致××线下行正线中断运行 2 小时 59 分钟，30 分钟后复轨的车厢被处理，××线上行正线也恢复运行。此次事故为旅客列车脱轨重大事故。

事后经调查，××线上行正线 526 km 15 号至 22 号轨处列车运行方向左股接头连续 8 个接缝全部被顶死，15 号至 19 号轨处右股接头连续 5 个轨缝被顶死，且××站 2 号道岔钢轨表面温度高达 56.4℃，钢轨纵向应力全部集中在 2 号道岔前过渡地段上，造成周边 30 m 线路右侧钢轨鼓胀幅度高达 77 mm，左右道股高低不平，导致了 65××次旅客列车的脱轨。

学习情景

任务描述

20××年9月13日3时37分,××工务段××探伤车间汕尾探伤工区班长在××线××—××区间进行周期性焊缝探伤作业时,发现上行 K1390+090 m 右股轨缝尺寸不符合规范要求,线路爬行量超过 20 mm。为了避免因线路爬行、轨缝位置不当和线路轨缝不均匀导致接头病害或胀轨跑道的发生,保证列车安全、平稳地运行。检修队需进行轨缝调整作业。

学习目标

【知识目标】

1. 掌握轨缝调整的作业安全要求。
2. 掌握轨缝调整的作业程序。
3. 掌握轨缝调整的规范要求。
4. 掌握轨缝调整的作业工具。

【能力目标】

1. 熟练掌握轨缝调整作业程序。
2. 小组按作业安全要求合作完成轨缝调整任务。
3. 正确填报检查记录表,按规定进行任务的销记。

【素质目标】

1. 具有良好职业道德,具备遵纪守法、爱岗敬业、吃苦耐劳的品质。
2. 具备较强的沟通能力和良好的团队合作意识。
3. 热爱专业,具备自我学习的能力。
4. 具有较强的综合分析以及解决问题的能力。

任务资讯

表 3-2-1 派工单

接收人		编制		审核		日期	
使用车间名称				线名		行别	
盯岗干部				作业等级		天窗类型	
作业负责人		驻站 联络员		现场防护员		远端 防护员	

续表

作业人员			合计	
其他人员				
防洪呼叫点		G网手机号		
施工（维修）安排	作业项目		工作量配置	
	车站或区间		计划出乘时间	
	封锁里程		计划封锁时间	
班会前结束人员签到	作业负责人		作业结束下道前作业负责人清点人员	
	驻站联络员			
	现场防护员			
	作业人员			
	车间盯岗干部			
作业完成情况总结				

（问题引导）

问题1：根据《普速铁路线路修理规则》（TG/GW 102—2019）第3.6.6条规定，普通线路钢轨接头，应根据钢轨长度与钢轨温度预留轨缝。本次作业中轨缝的标准尺寸是多少？

_____
_____
_____

问题2：轨缝调整作业需要哪些工机具？

_____
_____
_____

问题3：简述单根钢轨换轨现场作业流程。

_____
_____
_____
_____

小提示 Tips

1.《普速铁路线路修理规则》（TG/GW 102—2019）第3.6.6条规定

普通线路钢轨接头，应根据钢轨长度与钢轨温度预留轨缝。轨缝的标准尺寸按下列公式计算：

$$a_0 = \alpha L(t_z - t_0) + \frac{1}{2} a_g$$

式中 a_0——更换钢轨或调整轨缝时的预留轨缝（mm）；

α——钢轨线膨胀系数，取 0.011 8 mm/(m·℃)；

L——钢轨长度（m）；

t_z——更换钢轨或调整轨缝地区的中间轨温（℃），$t_z = \frac{1}{2}(T_{max} + T_{min})$，$T_{max}$，$T_{min}$ 分别为当地历史最高、最低轨温（℃）；

t_0——更换钢轨或调整轨缝时的轨温（℃）；

a_g——构造轨缝，38 kg/m、43 kg/m、50 kg/m、60 kg/m、75 kg/m 钢轨 a_g 均采用 18 mm。

最高、最低轨温差不大于 85℃地区，在按上式计算以后，可根据具体情况将轨缝值减小 1~2 mm。

25 m 钢轨铺设在当地历史最高、最低轨温差大于 100℃的地区时，应单独设计。各地区（或区段）采用的最高、最低轨温，由铁路局集团公司规定。

2.《普速铁路线路修理规则》（TG/GW 102—2019）第 3.6.7 条规定

12.5 m 钢轨地段，更换钢轨或调整轨缝时的轨温不受限制。25 m 钢轨地段，更换钢轨或调整轨缝时的轨温限制范围为（t_z+30℃）~（t_z-30℃）；最高、最低轨温差不大于 85℃地区，如将轨缝值减小 1~2 mm，轨温限制范围相应地降低 3℃~7℃。特殊情况下，在轨温限制范围以外更换的 25 m 钢轨，必须在轨温限制范围以内时调整轨缝，使其符合第 3.6.6 条规定的标准。

3.《普速铁路线路修理规则》（TG/GW 102—2019）第 3.6.8 条规定

轨缝应设置均匀。每千米线路轨缝总误差，25 m 钢轨地段不得超过 80 mm，12.5 m 钢轨地段不得超过 160 mm。绝缘接头轨缝不得小于 6 mm。

制 订 计 划

按照收集资讯和决策过程，制订调整轨缝作业计划，计划包括施工准备、操作工艺流程及安全交底。

表 3-2-2 工作方案

步骤	工作内容	负责人

表 3-2-3　工具、耗材和器材清单

序号	名称	型号与规格	单位	数量	备注

表 3-2-4　人员分工

班级：	组号：	指导老师：	组长：
组员：			
任务分工	人员类型	人员数量	人员姓名
人员总计			

表 3-2-5　工时计划

作业流程	计划工时	实际工时	工时偏差
点名分工			
安全预想			
工机具检查			
设置防护			
上道作业			
作业质量回检			
合计			

表 3-2-6　成本核算

序号	名称	数量	单价	小计
1				
2				
3				
4				
5				
合计				

作 业 准 备

1. 点名与分工确认

表 3-2-7　点名签字表

序号	人员类型	作业职责	签字
1			
2			
3			
4			
备注		施工（作业）负责人确认无误□	

2. 安全预想

表 3-2-8　风险卡控

序号	主要风险点	卡控措施

3. 工机具检查

表 3-2-9　机具点检

机具名称	数量	是否无误	备注
		□	
		□	
		□	

续表

机具名称	数量	是否无误	备注
		□	
		□	
施工（作业）负责人确认无误□			

4. 防护准备

针对本次作业，除使用信号标记，如停车信号、减速信号之外，还需根据实际情况设置防护信号标志，请简述本次防护信号标志的具体设置。

_____

_____

_____

小提示 Tips

1. 防护作业

（1）主要防护信号用品：作业标、停车信号牌、双面信号灯、火炬、喇叭、响墩、红黄信号旗、短路铜线、电话机、对讲机等。

（2）利用天窗，在车站《行车设备施工登记薄》登记，按规定插作业标，设置移动停车信号，设置驻站、工地防护员，用电话或对讲机防护。

2. 重点控制事项

（1）锯轨不垂直，接头螺栓拧得过紧或螺栓锈蚀，都会造成假轨缝，因此在调查时须重点注意。

（2）严格执行天窗修制度，设置好防护，作业人员必须服从防护员指挥，来车前须及时撤离线路。

（3）作业完毕后应防止工具材料侵限，做到"工完料清"。

（4）成段调整轨缝时，尽可能从相邻两站，一站的出站道岔测量到另一站的进站道岔。

操 作 实 施

1. 作业任务

分组完成铁路线路轨缝调整作业（销记台账）。

> 小提示 Tips

作业流程如图 3-2-1 所示。

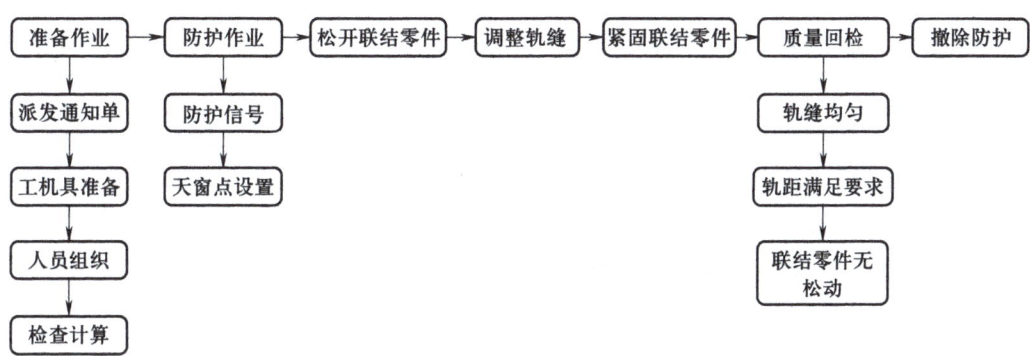

图 3-2-1 作业流程图

2. 现场作业

微课 调整轨缝作业流程及操作要点

3. 轨缝记录表

表 3-2-10 轨缝调整计算表

轨缝测点编号	左股钢轨				右股钢轨				实测直角错差	调整后	
	实测轨缝	计划轨缝	轨缝差	串动量	实测轨缝	计划轨缝	轨缝差	串动量		两股钢轨串动量	直向错差
1栏	2栏	3栏	4栏	5栏	6栏	7栏	8栏	9栏	10栏	11栏	12栏

串动 ↓ ↑ 方向

小提示 Tips

第1栏：轨缝测点编号。

第2、6栏：左右两股钢轨实测轨缝值（$E_实$）。

第3、7栏：计划轨缝（$E_计$），按检算确定。

第4、8栏：左右股钢轨实测轨缝与计划轨缝差即 $\Delta E = E_实 - E_计$。

第5、9栏：钢轨串动量（K）。某测点串动量等于前一测点串动量加该点轨缝差（即斜加平写）。当串动量为正时，表示钢轨要向始端串动，反之，则往终点方向串动。

第10栏：实量两股轨缝直角错差。

第11栏：左右股钢轨串动量之差（即 $\Delta K = K_右 - K_左$），当串动量差为正时，表示右股向始端多串动 ΔK 距离，反之，则向终端方向多串动 ΔK 距离。

第12栏：两股钢轨串动后的直角错差（$T_计$），它等于实测直角错差加两股钢轨串动量差（即 $T_计 = T_实 + \Delta K$）。

技 术 移 交

表 3-2-11　项目完成情况记录表

任务项目	关键要点	完成情况
任务资讯	任务单填写	☐
	问题导引解答	☐
制订计划	作业方案制订	☐
	工机具选取	☐
	人员分配	☐
	成本核算	☐
作业准备	安全预想	☐
	人员机具检查	☐
作业实施	作业实施	☐
	轨缝记录	☐

评 价 反 馈

表 3-2-12　学生自评表

任务	完成情况记录
任务是否按时完成	
相关理论完成情况	

续表

任务	完成情况记录
技能训练情况	
任务完成情况	
任务创新情况	
材料上交情况	
有益的经验和做法	
总结、反思及建议	

表 3-2-13 学生互评表

序号	评价项目	小组互评				
1	任务是否按时完成	5□	4□	3□	2□	1□
2	材料完成上交情况	5□	4□	3□	2□	1□
3	完成质量	5□	4□	3□	2□	1□
4	语言表达能力	5□	4□	3□	2□	1□
5	小组成员合作面貌	5□	4□	3□	2□	1□
6	创新点	5□	4□	3□	2□	1□
7	简要评述					

表 3-2-14 教师评分表

工序	作业步骤	配分	评分标准	扣分	得分
准备工作	1. 确定人数	5	小组点名,根据考勤情况打分。缺勤个人得分为零		
	2. 作业安排及人员分工	5	能合理分配小组作业人员。得分为作业人员正确率×5分基础分,计算至小数点后两位		
	3. 工机具准备及检查	15	选择正确的工机具及数量/总计需要选择的工机具及数量×15分基础分,计算至小数点后两位		
现场作业	1. 设置安全防护	55	正确步骤的总得分/所有操作步骤的总分×55分基础分,计算至小数点后两位		
	2. 测量轨温				
	3. 调查轨缝,制订调整轨缝方案				
	4. 松开扣件并移除防爬设备				
	5. 调整轨缝				
	6. 紧固联结零件				

续表

工序	作业步骤	配分	评分标准	扣分	得分
验收总结	1. 作业回检	10	根据回检测量情况,判断作业是否正常。判断正确得分,错误不得分		
	2. 回收工机具	10	已回收的工机具材料数量/总计需要选择回收的工机具材料数量 × 10 分基础分,计算至小数点后两位		
	3. 撤除防护	/	/	/	/
	4. 工作总结	/	/	/	/
合计					

表 3-2-15 教师评价表

序号	评价项目	自我评价	互相评价	教师评价	综合评价
1	学习准备				
2	引导问题填写				
3	规范操作				
4	完成质量				
5	关键操作要点掌握				
6	完成速度				
7	参与讨论主动性				
8	沟通协作				
9	待改善环节				

复盘:根据小组作业结果,小组讨论、分析有待改进之处及预防措施。

_____
_____
_____
_____
_____
_____
_____

情景 3　钢轨打磨作业

情 景 导 引

20××年6月22日下午3时,在深汕站施工现场,广铁集团广州大机段钢轨打磨车间一组编号为12506的线路打磨车旁,工人们正进行钢轨打磨作业。

铁路专业技术人员加紧开展钢轨预打磨,去除钢轨轧制的瘢痕、脱碳层、钢轨对接处的焊点,消除钢轨表面不良痕迹,以保障高铁运行的平稳性和舒适度,提高钢轨使用寿命。

高铁打磨施工的作业质量必须满足时速350 km/h的最高标准,而广铁将最高标准又往上推进一步,要求左右股的钢轨廓形打磨质量指数GQI值相差不得大于5(原标准为10),以便更好地提升旅客乘坐舒适度。打磨作业通常安排在中午11点至下午6点,加上施工准备及检修保养,每天作业时间在10个小时以上。

学 习 情 景

任务描述

钢轨是轨道上部的重要组成部分之一。钢轨如产生病害缺陷,会对列车运行造成较大的影响,甚至导致运行事故发生。因此,按规定及时进行钢轨打磨,预防钢轨病害,修复轨面病害,降低钢轨折断的风险,延长轨道设备使用寿命和维修周期,是铁路工务部门的重要工作。20××年3月23日3时37分,××工务段中修队进行钢轨打磨常规作业。

学习目标

【知识目标】
1. 掌握钢轨打磨作业安全要求。
2. 掌握钢轨打磨的作业程序。
3. 掌握钢轨打磨的规范要求。
4. 掌握钢轨打磨的作业工具。

【能力目标】
1. 熟练掌握钢轨打磨作业程序。
2. 小组按作业安全要求合作完成钢轨打磨任务。
3. 正确填报检查记录表,按规定进行任务的销记。

【素质目标】

1. 具有健全的体魄、良好的心理素质。
2. 具有开发自身潜能、适应岗位变更、自主创新创业的能力。
3. 具有较强的环境适应、信息处理、分析总结、组织规划的能力。
4. 具有自我管理和学习能力。

任 务 资 讯

表 3-3-1　派工单

接收人		编制		审核		日期	
使用车间名称				线名		行别	
盯岗干部				作业等级		天窗类型	
作业负责人		驻站联络员		现场防护员		远端防护员	
作业人员						合计	
其他人员							
防洪呼叫点				G网手机号			
施工（维修）安排		作业项目		工作量配置			
		车站或区间		计划出乘时间			
		封锁里程		计划封锁时间			
班会前结束人员签到		作业负责人		作业结束下道前作业负责人清点人员			
		驻站联络员					
		现场防护员					
		作业人员					
		车间盯岗干部					
作业完成情况总结							

（问题引导）

问题1：本次作业中，钢轨病害的判断方法有哪些？请简单描述。

_____
_____
_____

问题 2：钢轨打磨作业需要哪些工机具？

_____

_____

问题 3：简述钢轨打磨现场作业流程。

_____

_____

_____

小提示 Tips

《普速铁路线路修理规则》（TG/GW 102—2019）第 3.6.12 条规定

应做好钢轨养护维修工作，预防和整治钢轨病害，延长钢轨使用寿命。轨面光带不良时应检测廓形并按照设计廓形进行打磨。当钢轨出现表 3-3-2 的病害时，应及时处理。对轨面擦伤、鱼鳞裂纹、钢轨肥边、马鞍形磨耗等应及时打磨，对轨端剥落掉块应及时进行焊补，加强对接头错牙、硬弯等病害的处理，并结合更换道砟、垫砟等方法，综合整治钢轨接头病害。应有计划地采用钢轨打（铣）磨列车进行预防性打磨、修理性打磨（或铣磨）。

表 3-3-2　钢轨病害整治限度

钢轨病害	$v_{max} > 120$ km/h	$v_{max} \leq 120$ km/h	测量方法
钢轨接头顶面或内侧错牙（mm）	>1	>2	直尺测量
工作边或轨端肥边（mm）	>1	>2	直尺测量
擦伤或剥落掉块、钢轨低头	接近或达到轻伤	接近或达到轻伤	直尺测量
硬弯（mm）	>0.3	>0.5	1 m 直尺测量矢度
焊缝凹陷（mm）	>0.3	>0.5	1 m 直尺测量矢度
钢轨母材轨顶面凹陷或接头马鞍形磨耗（mm）	>0.3	>0.5	1 m 直尺测量矢度
波浪形磨耗	达到轻伤	达到轻伤	1 m 直尺测量矢度

注：摘自《普速铁路线路修理规则》（TG/GW 102—2019）。

曲线地段应根据钢轨状况合理安排润滑，易锈蚀地段宜采用耐锈蚀钢轨或在钢轨上涂抹防锈剂。

制 订 计 划

按照收集资讯和决策过程，制订钢轨打磨作业计划，计划包括施工准备、操作工艺流程及安全交底。

表 3-3-3 工作方案

步骤	工作内容	负责人

表 3-3-4 工具、耗材和器材清单

序号	名称	型号与规格	单位	数量	备注

表 3-3-5 人员分工

班级：	组号：	指导老师：	组长：
组员：			
任务分工	人员类型	人员数量	人员姓名
人员总计			

表 3-3-6 工时计划

作业流程	计划工时	实际工时	工时偏差
点名分工			
安全预想			

续表

作业流程	计划工时	实际工时	工时偏差
工机具检查			
设置防护			
上道作业			
作业质量回检			
合计			

表 3-3-7　成本核算

序号	名称	数量	单价	小计
1				
2				
3				
4				
5				
合计				

作 业 准 备

1. 点名与分工确认

表 3-3-8　点名签字表

序号	人员类型	作业职责	签字
1			
2			
3			
4			
备注		施工（作业）负责人确认无误□	

2. 安全预想

表 3-3-9　风险卡控

序号	主要风险点	卡控措施

3. 工机具检查

表 3-3-10 机具点检

机具名称	数量	是否无误	备注
		☐	
		☐	
		☐	
		☐	
		☐	
施工（作业）负责人确认无误☐			

4. 防护准备

针对本次作业，需按照规定进行防护设置，做好避车准备。请简述本次防护信号标志的具体设置。

_____

_____

_____

小提示 Tips

作业人员下道避车时应遵守以下规定。

1. 距钢轨头部外侧距离不小于 2 m，设有避车台（洞）的桥梁（隧道）应进入避车台（洞）避车。

2. 本线来车按下列距离下道完毕：

（1）当 $v_{max} \leq 60$ km/h 时，不小于_____ m；

（2）当 60 km/h $< v_{max} \leq 120$ km/h 时，不小于_____ m；

（3）当 120 km/h $< v_{max} \leq 160$ km/h 时，不小于_____ m；

（4）当 160 km/h $< v_{max} < 200$ km/h 时，不小于_____ m。

3. 邻线（线间距小于 6.5 m）来车下道时应遵守以下规定。

（1）本线不封锁时：

①邻线速度 $v_{max} \leq$ _____ km/h 时，本线可不下道；

② 60 km/h $<$ 邻线 $v_{max} \leq 120$ km/h 时，来车可不下道，但本线必须_____；

③邻线 $v_{max} > 120$ km/h 时，下道距离不小于_____ m；

④瞭望条件_____，邻线来车时本线必须下道。

（2）本线封锁时：

①邻线 $v_{max} \leq 120$ km/h 时，本线可不下道；

②_____ km/h $<$ 邻线 $v_{max} \leq$ _____ km/h 时，本线可不下道，但本线必须停止

作业；

③邻线 v_{max}＞160 km/h 时，本线必须下道，距离不小于_____ m。

4. 在站内其他线路作业，躲避本线列车时，下道距离不应少于_____ m，与本线相邻的正线来车时，按本条第 1 项和第 3 项办理，与本线相邻的其他站线来车时可不下道，但必须停止作业。列车进路不明时必须下道避车。

5. 速度小于 120 km/h 区段，瞭望条件大于 2 000 m 时，钢轨探伤仪、轨道检查仪作业，邻线来车可不下道。

6. 人员下道避车时应面向列车认真瞭望，防止列车上的抛落、坠落物或绳索伤人。

7. 人员下道避车的同时，必须将作业机具、材料移出线路，并放置、堆码牢固，不得侵入建筑限界；两线间距离小于_____ m 时，不得停留人员和放置机具、材料。

操 作 实 施

1. 作业任务
分组完成铁路线路钢轨打磨作业（销记台账）。

2. 现场作业

微课　钢轨打磨作业流程及操作要点

3. 实操记录表

表 3-3-11　实操记录表

钢轨病害	规范要求		测量方法	线路巡查情况	作业后钢轨情况
	v_{max}＞120 km/h	v_{max}≤120 km/h			
钢轨接头顶面或内侧错牙（mm）	＞1	＞2	直尺测量		
工作边或轨端肥边（mm）	＞1	＞2			
擦伤或剥落掉块、钢轨低头	接近或达到轻伤	接近或达到轻伤			
硬弯（mm）	＞0.3	＞0.5	1 m 直尺测量矢度		
焊缝凹陷（mm）	＞0.3	＞0.5			
钢轨母材轨顶面凹陷或接头马鞍形磨耗（mm）	＞0.3	＞0.5			
波浪形磨耗	达到轻伤	达到轻伤			

模块三　钢轨作业

小提示 Tips

作业流程如图 3-3-1 所示。

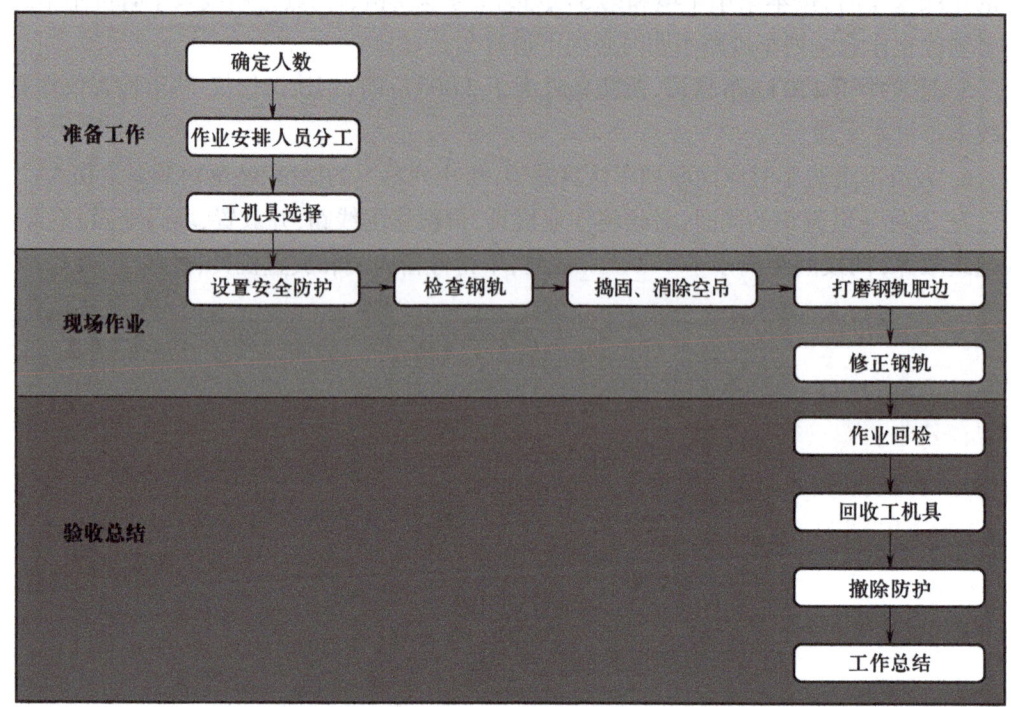

图 3-3-1　作业流程图

技 术 移 交

表 3-3-12　项目完成情况记录表

任务项目	关键要点	完成情况
任务资讯	任务单填写	□
	问题导引解答	□
制订计划	作业方案制订	□
	工机具选取	□
	人员分配	□
	成本核算	□
作业准备	安全预想	□
	人员机具检查	□
操作实施	作业实施	□
	作业记录	□

评 价 反 馈

表 3-3-13 学生自评表

任务	完成情况记录
任务是否按时完成	
相关理论完成情况	
技能训练情况	
任务完成情况	
任务创新情况	
材料上交情况	
有益的经验和做法	
总结、反思及建议	

表 3-3-14 学生互评表

序号	评价项目	小组互评				
1	任务是否按时完成	5 □	4 □	3 □	2 □	1 □
2	材料完成上交情况	5 □	4 □	3 □	2 □	1 □
3	完成质量	5 □	4 □	3 □	2 □	1 □
4	语言表达能力	5 □	4 □	3 □	2 □	1 □
5	小组成员合作面貌	5 □	4 □	3 □	2 □	1 □
6	创新点	5 □	4 □	3 □	2 □	1 □
7	简要评述					

表 3-3-15 教师评分表

工序	作业步骤	配分	评分标准	扣分	得分
准备工作	1. 确定人数	5	小组点名,根据考勤情况打分。缺勤个人得分为零		
	2. 作业安排及人员分工	5	能合理分配小组作业人员。得分为作业人员正确率×5分基础分,计算至小数点后两位		
	3. 工机具准备及检查	15	选择正确的工机具及数量/总计需要选择的工机具及数量×15分基础分,计算至小数点后两位		

工序	作业步骤	配分	评分标准	扣分	得分
现场作业	1. 设置安全防护	55	正确步骤的总得分/所有操作步骤的总分×55分基础分,计算至小数点后两位		
	2. 检查钢轨				
	3. 捣固、消除空吊				
	4. 打磨钢轨				
	5. 修正钢轨				
验收总结	1. 作业回检	10	根据回检测量情况,判断作业是否正常。判断正确得分,错误不得分		
	2. 回收工机具	10	已回收的工机具材料数量/总计需要选择回收的工机具材料数量×10分基础分,计算至小数点后两位		
	3. 撤除防护	/	/	/	/
	4. 工作总结	/	/	/	/
合计					

表 3-3-16 教师评价表

序号	评价项目	自我评价	互相评价	教师评价	综合评价
1	学习准备				
2	引导问题填写				
3	规范操作				
4	完成质量				
5	关键操作要点掌握				
6	完成速度				
7	参与讨论主动性				
8	沟通协作				
9	待改善环节				

复盘:根据小组作业结果,小组讨论、分析有待改进之处及预防措施。

_____

_____

_____

情景 4　钢轨铝热焊焊接作业

情景导引

20××年×月××日 8 时 45 分,线路工在××线 K911—K912 处进行养护作业时,发现 K911+860 m 左股的焊缝焊头拉开 4 mm,立即通知相关站段进行处理。9 时 02 分现场用急救器及轨距杆进行加固,整修紧固联结零件,于 10 时 30 分紧急处理完毕。而后申请天窗点进行加固钢轨,11 时 05 分至 13 时 15 分加固处理完毕,恢复列车正常运行。

断轨位于××段 K911+860 m 处,直线地段、左股、无缝线路,焊缝焊头中心拉开 4 mm,钢轨类型 P60,包钢生产,于 2012 年 5 月 11 日焊接。从钢轨断头表面(图 3-4-1)观察分析,钢轨焊头为铝热焊焊接缺陷伤损(焊头疏松缺陷)。5 月 12 日钢轨探伤组对该焊缝进行初次探伤检查,未发现异常现象。6 月 12 日轨检组对该处焊头进行二次探伤,也未发现异常波形和报警。钢轨探伤车于 9 月 9 日在该区段进行检测未发现异常。在数据回放中,大型探伤车未发现 K911+860 m 左股任何异常。

事后分析发现,焊缝拉开的主要原因是焊缝焊头存在疏松缺陷,而后经历重载列车反复碾压及冲击,焊缝焊头在疏松原点迅速扩展,导致此次伤损事故发生。

(a)　　　　　　　　　　　　　(b)

图 3-4-1　钢轨断裂图

学习情景

任务描述

2010年8月27日3时30分，××区间下行线4015—4029信号机出现红光带。工务部调度即告知××工务段调度，××工务段调度立即通知××线路车间副主任、工区工长等人迅速赶往现场，检查至下行线K402+600 m处，发现右股钢轨焊缝垂直断开，断开轨缝实测6 mm，轨温12℃。工区需进行紧急处理，对此处钢轨接头进行焊修，使其满足线路要求，保证列车运行安全。

学习目标

【知识目标】

1. 掌握钢轨铝热焊焊接作业安全要求。
2. 掌握钢轨铝热焊焊接的作业程序。
3. 掌握钢轨铝热焊焊接的规范要求。
4. 掌握钢轨铝热焊焊接的作业工具。

【能力目标】

1. 熟练掌握钢轨铝热焊焊接作业程序。
2. 小组按作业安全要求合作完成钢轨铝热焊焊接任务。
3. 正确填报检查记录表，按规定进行任务的销记。

【素质目标】

1. 具有良好的职业道德和严谨科学的工作态度。
2. 具有爱岗敬业、吃苦耐劳、不断学习的精神。
3. 具有较强的沟通、协调、组织能力。
4. 具有较强的综合分析和解决问题的能力。

任务资讯

表3-4-1 派工单

接收人		编制		审核		日期	
使用车间名称				线名		行别	
盯岗干部				作业等级		天窗类型	
作业负责人		驻站联络员		现场防护员		远端防护员	

续表

作业人员				合计	
其他人员					
防洪呼叫点			G网手机号		
施工(维修)安排	作业项目		工作量配置		
	车站或区间		计划出乘时间		
	封锁里程		计划封锁时间		
班会前结束人员签到	作业负责人		作业结束下道前作业负责人清点人员		
	驻站联络员				
	现场防护员				
	作业人员				
	车间盯岗干部				
作业完成情况总结					

（问题引导）

问题1：本次作业中，钢轨焊接如何处理？请简单描述。

_____
_____

问题2：钢轨铝热焊焊接作业需要哪些工机具？

_____
_____

问题3：简述钢轨铝热焊焊接现场作业流程。

_____
_____
_____

小提示 Tips

1.《钢轨焊接第1部分：通用技术条件》（TB/T 1632.1—2014）第6.1条规定轨头工作面1 m长度平直度允许的最大偏差应符合表3-4-2规定。

表 3-4-2　钢轨焊接接头平直度要求　　　　　　　　单位为 mm/m

线路设计速度	固定式闪光焊接头（在焊轨基地验收）	移动式闪光焊接头	气压焊接头	铝热焊接头
$v \leqslant 160$ km/h	$0.1 \leqslant a_1 \leqslant 0.4$，$0 \leqslant b_1 \leqslant 0.3$ 或 $0 \leqslant b_2 \leqslant 0.3$	$0 \leqslant a_1 \leqslant 0.3$，$0 \leqslant b_1 \leqslant 0.3$ 或 $0 \leqslant b_2 \leqslant 0.3$	$0 \leqslant a_1 \leqslant 0.3$，$0 \leqslant b_1 \leqslant 0.3$ 或 $0 \leqslant b_2 \leqslant 0.3$	$0.1 \leqslant a_1 \leqslant 0.4$，$0 \leqslant b_1 \leqslant 0.3$ 或 $0 \leqslant b_2 \leqslant 0.3$
$v > 160$ km/h	$0.1 \leqslant a_1 \leqslant 0.3$，$0 \leqslant b_1 \leqslant 0.2$ 或 $0 \leqslant b_2 \leqslant 0.1$	$0 \leqslant a_1 \leqslant 0.2$，$0 \leqslant b_1 \leqslant 0.3$	$0 \leqslant a_1 \leqslant 0.2$，$0 \leqslant b_1 \leqslant 0.3$	$0.1 \leqslant a_1 \leqslant 0.3$，$0 \leqslant b_1 \leqslant 0.3$

注1：a_1、b_1、b_2 见图1。
注2：b_1 取正值表示使轨距加宽。

2.《钢轨焊接第 3 部分：铝热焊接》（TB/T 1632.3—2019）第 4.4.1.2 条规定

经打磨后的焊接接头轨头部位应满足：
（1）不应出现裂纹；
（2）可出现 1 个最大尺寸为 1 mm 的气孔；
（3）不应出现咬边；
（4）非工作面应打磨平顺；
（5）在轨头下颚与焊筋边缘交界处半径为 2 mm 的区域内，可出现 1 个最大尺寸为 1 mm 的气孔、夹渣或夹砂。

制 订 计 划

按照收集资讯和决策过程，制订钢轨铝热焊焊接作业计划，计划包括施工准备、操作工艺流程及安全交底。

表 3-4-3　作业工作方案

步骤	工作内容	负责人

表 3-4-4　工具、耗材和器材清单

序号	名称	型号与规格	单位	数量	备注

表 3-4-5　人员分工

班级：	组号：	指导老师：	组长：
组员：			

任务分工	人员类型	人员数量	人员姓名
人员总计			

表 3-4-6　工时计划

作业流程	计划工时	实际工时	工时偏差
点名分工			
安全预想			
工机具检查			
设置防护			
上道作业			
作业质量回检			
合计			

表 3-4-7　成本核算

序号	名称	数量	单价	小计
1				
2				
3				
4				
5				
合计				

作 业 准 备

1. 点名与分工确认

表 3-4-8　点名签字表

序号	人员类型	作业职责	签字
1			
2			
3			
4			
备注		施工（作业）负责人确认无误□	

2. 安全预想

表 3-4-9　风险卡控

序号	主要风险点	卡控措施

3. 工机具检查

表 3-4-10　机具点检

机具名称	数量	是否无误	备注
		☐	
		☐	
		☐	
		☐	
		☐	
施工（作业）负责人确认无误☐			

4. 防护准备

针对本次作业，需按照规定进行防护设置，做好避车准备。请简述本次防护信号标志的具体设置。

_____

_____

步行上下工时，区间应在路肩或路旁集中走行；在双线区间，应面迎列车方向走行；通过桥梁、道口或横越线路时，应"_____、_____、_____"，做到"一停、二看、三通过"，严禁来车时抢越。必须走_____时，应设置_____。进路信号辨认不清时，应及时_____。

严禁作业人员跳车、钻车、扒车和由车底下、车钩上传递工具材料。休息时不准坐在钢轨、轨枕头及道床边坡上。绕行停留车辆时其距离应不少于_____m，并注意车辆动态和邻线上开来的列车。

遇有降雾、暴风雨（雪）、扬沙等恶劣天气影响瞭望时，应停止线上作业和上道检查，必须作业时，应_____，保证来车之前按规定的距离及时下道。

线路 v_{max} > _____ km/h 的区段，巡道、巡守人员应在路肩上行走，并注意察看线路状态。

操 作 实 施

1. 作业任务

分组完成铁路线路钢轨铝热焊焊接作业（销记台账）。

2. 现场作业

微课　钢轨铝热焊焊接作业流程及操作要点

3. 作业记录表

表 3-4-11 作业记录表

钢轨检测情况	作业前	作业后
轨顶面垂直方向偏差		
轨头侧面工作边水平方向偏差		
轨头部位情况		

小提示 Tips

作业流程如图 3-4-2 所示。

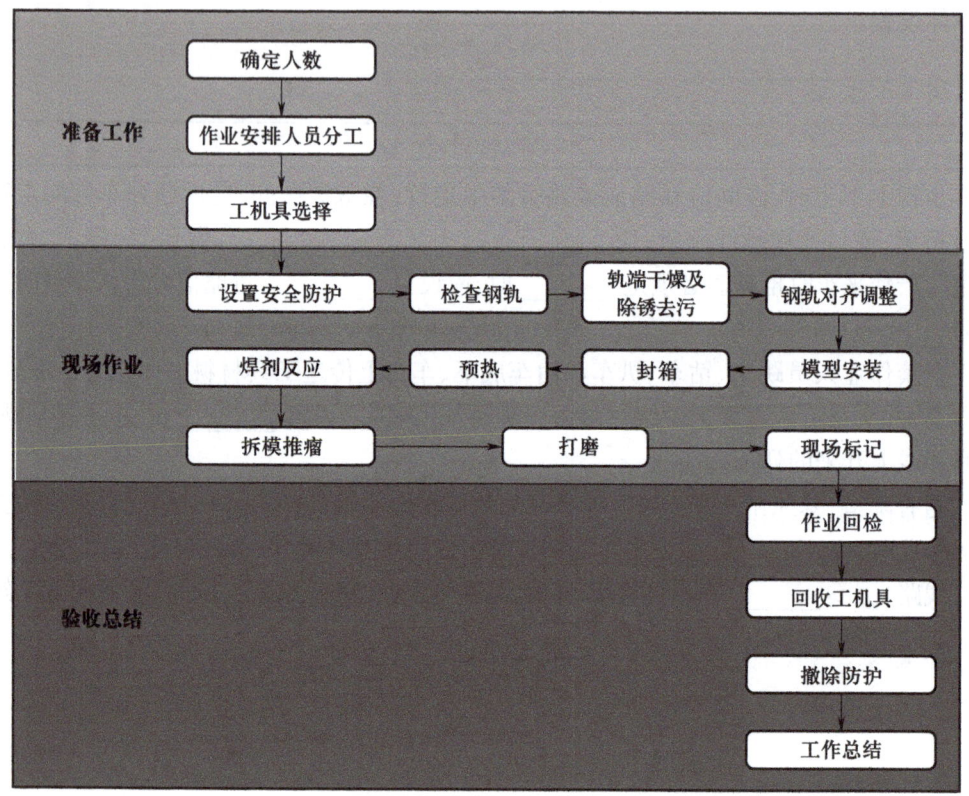

图 3-4-2 作业流程图

技 术 移 交

表 3-4-12　项目完成情况记录表

任务项目	关键要点	完成情况
任务资讯	任务单填写	☐
	问题导引解答	☐
制订计划	作业方案制订	☐
	工机具选取	☐
	人员分配	☐
	成本核算	☐
作业准备	安全预想	☐
	人员机具检查	☐
操作实施	作业实施	☐
	作业记录	☐

评 价 反 馈

表 3-4-13　学生自评表

任务	完成情况记录
任务是否按时完成	
相关理论完成情况	
技能训练情况	
任务完成情况	
任务创新情况	
材料上交情况	
有益的经验和做法	
总结、反思及建议	

表 3-4-14　学生互评表

序号	评价项目	小组互评				
1	任务是否按时完成	5☐	4☐	3☐	2☐	1☐
2	材料完成上交情况	5☐	4☐	3☐	2☐	1☐
3	完成质量	5☐	4☐	3☐	2☐	1☐
4	语言表达能力	5☐	4☐	3☐	2☐	1☐
5	小组成员合作面貌	5☐	4☐	3☐	2☐	1☐
6	创新点	5☐	4☐	3☐	2☐	1☐
7	简要评述					

表 3-4-15 教师评分表

工序	作业步骤	配分	评分标准	扣分	得分
准备工作	1. 确定人数	5	小组点名,根据考勤情况打分。缺勤个人得分为零		
	2. 作业安排及人员分工	5	能合理分配小组作业人员。得分为作业人员正确率×5分基础分,计算至小数点后两位		
	3. 工机具准备及检查	15	选择正确的工机具及数量/总计需要选择的工机具及数量×15分基础分,计算至小数点后两位		
现场作业	1. 设置安全防护	55	正确步骤的总得分/所有操作步骤的总分×55分基础分,计算至小数点后两位		
	2. 检查钢轨情况				
	3. 轨端干燥及除锈去污				
	4. 钢轨对齐调整				
	5. 模型安装				
	6. 封箱				
	7. 预热				
	8. 焊剂反应				
	9. 拆模				
	10. 推瘤				
	11. 打磨				
	12. 现场标记				
验收总结	1. 作业回检	10	根据回检测量情况,判断作业是否正常。判断正确得分,错误不得分		
	2. 回收工机具	10	已回收的工机具材料数量/总计需要选择回收的工机具材料数量×10分基础分,计算至小数点后两位		
	3. 撤除防护	/	/	/	/
	4. 工作总结	/	/	/	/
合计					

表 3-4-16 教师评价表

序号	评价项目	自我评价	互相评价	教师评价	综合评价
1	学习准备				
2	引导问题填写				
3	规范操作				
4	完成质量				
5	关键操作要点掌握				
6	完成速度				
7	参与讨论主动性				
8	沟通协作				
9	待改善环节				

复盘：根据小组作业结果，小组讨论、分析有待改进之处及预防措施。

_____
_____
_____
_____

模块三　钢轨作业

模块四 道岔作业

情景 1　道岔综合整治作业

情景导引

20××年2月13日××某工务段发现，CN18号道岔曲基本轨垂直折断，断缝宽17 mm，断缝位于第19根岔枕的滑床板与曲基本轨轨底着力点处，距尖轨尖端8.4 m。现场实测轨温1.5 ℃，道岔锁定轨温为23 ℃。该道岔为CN18号长枕埋入式无砟道岔。道岔尖轨、基本轨、翼轨和心轨材质为R350HT（在线热处理），曲导轨采用U71Mn非热处理轨。折断的曲基本轨长度为24.596 m。

事后分析发现，基本轨断裂起始位置是在钢轨内侧与滑床板接触的轨底角部位，轨底角疲劳裂纹的萌生和扩展的主要原因是轨底角局部应力过大。列车通过时，尖轨所受应力通过滑床板传递给内侧轨底角，致使轨底角局部受到较高的接触应力及冲击力，使轨底弯曲应力增大，萌生疲劳裂纹并扩展。另外，钢轨动弯应力、残余应力和温度应力对轨底疲劳裂纹的产生可能也有一定的影响。基本轨沿尖轨一侧的有限区域内存在较大荷载和较大应力，疲劳试验和理论计算表明，列车在不利的条件下以超过350 km/h速度运行时，可能导致疲劳裂纹。故检查时需加强人工检查，特别在提前介入期间，应注重钢轨外观检查。

学习情景

任务描述

20××年，××市××东铁路车辆段管理处接到通知，称一处区间道岔与轨道连接处处于脱轨状态，需要进行紧急维修。经过现场勘察，维修人员发现该道岔设备老化严重，磨损过多，动作不灵敏，已经严重影响到铁路运营安全。因此维修人员需按照要求对该道岔进行全面维修和综合整治。

学习目标

【知识目标】

1. 了解道岔综合整治的作业安全要求。
2. 理解道岔综合整治的基本原则。
3. 掌握道岔综合整治的作业程序。
4. 熟悉道岔综合整治的规范要求。

【能力目标】

1. 熟练掌握道岔综合整治作业程序。
2. 小组按作业安全要求合作完成道岔综合整治任务。
3. 正确填报检查记录表,按规定进行任务的销记。

【素质目标】

1. 以高度的责任心和敬业精神,认真对待每一次道岔综合整治作业。
2. 具备敏锐的观察力和分析能力,及时发现并解决道岔存在的问题。
3. 拥有良好的团队协作精神,与团队成员共同完成道岔综合整治任务。
4. 不断提升自身专业素养,适应铁路道岔综合整治作业的发展需求。

任务资讯

表 4-1-1　派工单

接收人		编制		审核		日期	
使用车间名称				线名		行别	
盯岗干部				作业等级		天窗类型	
作业负责人		驻站联络员		现场防护员		远端防护员	
作业人员						合计	
其他人员							
防洪呼叫点				G 网手机号			
施工(维修)安排	作业项目			工作量配置			
	车站或区间			计划出乘时间			
	封锁里程			计划封锁时间			

续表

班会前结束 人员签到	作业负责人		作业结束下道前作业负责人 清点人员
	驻站联络员		
	现场防护员		
	作业人员		
	车间盯岗干部		
作业完成情况 总结			

（问题引导）

问题1：根据已有知识，思考道岔常见病害有哪些？

_____
_____

问题2：简述道岔综合整治现场作业流程。

_____
_____

问题3：安全风险及防控措施。

1. 什么是查照间隔？道岔查照间隔超限防控措施有哪些？

_____
_____

2. 道岔区钢轨断裂防控措施有哪些？

_____
_____

3. 道岔尖轨掉块防控措施有哪些？

_____
_____
_____

4. 道岔心轨掉块防控措施有哪些？

_____
_____
_____

模块四　道岔作业

小提示 Tips

1. 作为机车车辆从一股轨道转入或越过到另外一股轨道时不可或缺的线路设备,道岔是轨道的重要组成部分。由于其数量多、构造复杂、使用寿命短、限制列车速度、影响行车安全,所以与曲线、接头联结零件并称为轨道三大薄弱环节。对道岔进行综合整治以保障道岔质量,确保铁路安全平稳运行在铁路线路养护作业中十分重要。

2. 道岔综合整治作业的一般步骤:① 维修人员对道岔的主要元器件进行更换,包括铁路心轴、道岔转换器、弹性条、弹性垫、防尘罩等。② 对道岔的防腐措施进行加强和处理,以延长其使用寿命,抵抗恶劣环境影响。③ 对道岔电气设备进行检查和维修,保证电气设备的正常运行。④ 对道岔进行全面测试和调试,确保其正常运行,保证铁路安全运营。

3. 道岔常见病害:道岔轨距、方向不良;尖轨基本轨不密贴;尖轨搬动不灵活;尖轨跳动;尖轨扎伤与侧面磨耗;导曲线不圆顺;导曲线轨距扩大;导曲线侧面钢轨磨耗;辙叉磨耗及压溃;辙叉轨距不符合标准;等等。

4. 作业完毕后要做好工器具、材料、作业人员的出清工作。

5. 撤除防护时现场防护员带领作业人员统一沿路肩返回,作业负责人确认人机材无误后,办理撤除防护手续。

6. 在封锁命令下达后,现场防护员执行"手比、眼看、口呼",设置移动停车信号牌。

7. 除去被测量的钢轨表面的铁锈污物,将仪表吸附在钢轨表面,5 min 后可以读出仪表的数值,该数值即为钢轨的表面温度。需要连续测量时,可将温度计吸附在钢轨腰部位。

8. 起、拨、改道作业。

(1) 岔区平纵断面整治。依据测量结果,按"先抬后拨"顺序进行岔区平纵断面整治,要求在捣固过程中严格按照捣固标准,扒开石砟进行捣固之后回填;同时对由于钢轨本身硬弯引起的道岔惯性晃车的处所用地锚拉杆定位;同时着重加强基本轨接头、岔跟接头处轨距水平整治。

(2) 全面捣固。使用道岔捣固机与多台 20 t 起道器配合(相距不大于 5 孔)进行全面捣固。捣固过程要求:道岔区岔间线路过短(甚至为 0)的要选定水平基本股,需要注意的是应避免频繁变换水平基本股。

(3) 整治几何尺寸超限。按照作业验收标准全面整治轨距、水平、高低、方向等几何尺寸超限,同时根据护轨磨耗情况整治查照间隔及护背距离,护轨磨耗大于 18 mm 时需及时更换,严格检查轨距并控制护轨槽宽度。调整护轨垫片时,严格控制垫片数量,不得超过 3 片,总厚度不超过 10 mm。

9. 轨面修、补充紧固零配件。

(1) 整治接头病害。接头病害包括常见的高低焊头、绝缘接头电路不良等。要求更换磨耗及变形的夹板;采用钢轨平面打磨机对接头病害进行整治或更换(打磨范围为轨缝两端 1~2 m 范围）；对不良绝缘接头重新胶结或安装绝缘接头等。

（2）打磨肥边。及时打磨可动心轨、尖轨、基本轨、锰钢辙叉心轨、翼轨作用边和尖轨非作用边的肥边及未焊接头的轨端眉心边，以防钢轨掉块和假轨距，特别是尖轨、长心轨跟端异型断面容易压塌的部位，要及时打磨平顺。

（3）整治零配件。对道岔的联接零件应全面整修一遍，及时更换磨耗滑床板、垫板等并根据情况安排螺栓涂油工作；整正橡胶垫板，发生丢失、破损时，应及时补充、更换；弹片滑床板和弹片护轨垫板在安装、更换时，应注意区分弹片正反面，将其插入滑床台内，再将销钉表面涂油后，穿入滑床台侧面钉孔，用手锤敲击钉头使其就位。

（4）锚固道岔大螺栓。对失效岔枕地脚螺栓重锚或更换垫圈，应及时使用专业工具将失效套管顶（凿）出，再用环氧树脂将新套管装入，并进行防护处理。

（5）整治尖轨病害。尖轨病害包括尖轨不密贴和硬弯等，对尖轨病害进行全面调查并与电务部门取得联系，对于尖轨硬弯采用"低温倒三角加热法"进行整治。

10. 补充石砟。按照《普速铁路线路修理规则》，要求枕木盒道砟饱满，正线木枕地段及站线碎石道床厚度不得小于 200 mm，混凝土枕地段不得小于 250 mm，站线不得小于 200 mm。正线边坡按照 1∶1.75 标准整理，站线边坡按照 1∶1.5 标准整理。

11. 回填道砟，将扒出的道砟整平。回填道砟应先道心、后轨枕头，做到"一撬一清"。

制 订 计 划

按照收集资讯和决策过程，制订道岔综合整治计划，计划包括施工准备、操作工艺流程及安全交底。

表 4-1-2　工作方案

步骤	工作内容	负责人

表 4-1-3　工具、耗材和器材清单

序号	名称	型号与规格	单位	数量	备注

表 4-1-4　人员分工

班级：		组号：		指导老师：		组长：	
组员：							

任务分工	人员类型	人员数量	人员姓名
人员总计			

表 4-1-5　工时计划

作业流程	计划工时	实际工时	工时偏差
点名签字			
安全预想			
工机具检查			
设置防护			
上道作业			
作业质量回检			
合计			

表 4-1-6　成本核算

序号	名称	数量	单价	小计
1				
2				
3				
4				
5				
合计				

作 业 准 备

1. 点名与分工确认

表 4-1-7　点名签字表

序号	人员类型	作业职责	签字
1			
2			
3			
4			
备注		施工（作业）负责人确认无误□	

2. 安全预想

表 4-1-8　风险卡控

序号	主要风险点	卡控措施

3. 工机具检查

表 4-1-9　机具点检

机具名称	数量	是否无误	备注
	施工（作业）负责人确认无误□		

操 作 实 施

1. 作业任务

分组完成铁路线路道岔综合整治作业，严格执行《安规》《营业线上线作业安全防护管理办法》各项要求，落实有效的防护措施。

> **小提示 Tips**

作业流程如图 4-1-1 所示。

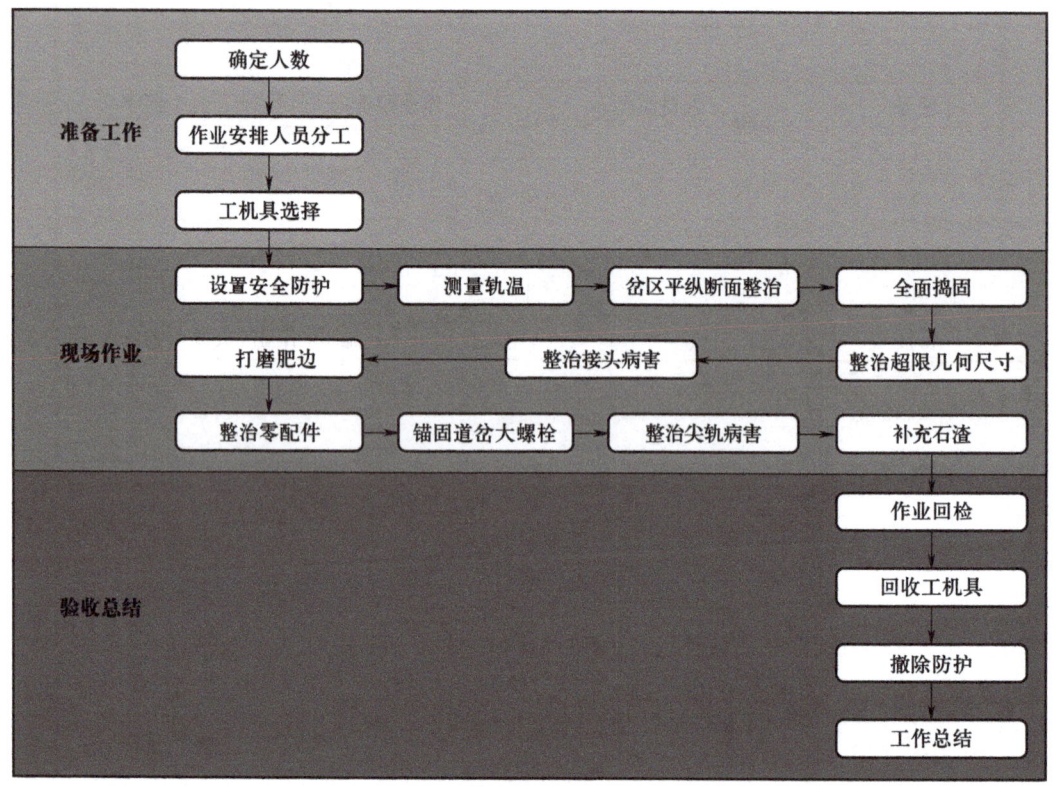

图 4-1-1　作业流程图

2. 现场作业

微课　道岔综合整治作业

3. 实操记录表

表 4-1-10　实操记录表

作业范围	记录时间		作业内容	
项目	作业前	作业后	线路类型	
开始时间				
完成时间				

续表

钢轨磨耗		/	记录人员	
轨距				
水平			核查人员	
尖轨密贴				
查照间隔			作业负责人	

技　术　移　交

表 4-1-11　技术移交表

任务项目	关键要点	完成情况
任务资讯	任务单填写	
	问题导引解答	
制订计划	作业方案制定	
	工机具选取	
	人员分配	
	成本核算	
作业准备	安全预想	
	人员机具检查	
操作实施	作业实施	
	作业记录	

评　价　反　馈

表 4-1-12　学生自评表

任务	完成情况记录
任务是否按时完成	
相关理论完成情况	
技能训练情况	
任务完成情况	
任务创新情况	
材料上交情况	
有益的经验和做法	
总结、反思及建议	

表 4-1-13　学生互评表

序号	评价项目	小组互评				
1	任务是否按时完成	5 ☐	4 ☐	3 ☐	2 ☐	1 ☐
2	材料完成上交情况	5 ☐	4 ☐	3 ☐	2 ☐	1 ☐
3	完成质量	5 ☐	4 ☐	3 ☐	2 ☐	1 ☐
4	语言表达能力	5 ☐	4 ☐	3 ☐	2 ☐	1 ☐
5	小组成员合作面貌	5 ☐	4 ☐	3 ☐	2 ☐	1 ☐
6	创新点	5 ☐	4 ☐	3 ☐	2 ☐	1 ☐
7	简要评述					

表 4-1-14　教师评分表

工序	作业步骤	配分	评分标准	扣分	得分
准备工作	1. 确定人数	5	小组点名，根据考勤情况打分。缺勤个人得分为零		
	2. 作业安排及人员分工	5	能合理分配小组作业人员。得分为作业人员正确率×5分基础分，计算至小数点后两位		
	3. 选择作业工机具和材料	15	选择正确的工机具及数量/总计需要选择的工机具及数量×15分基础分，计算至小数点后两位		
现场作业	1. 设置安全防护 2. 测量轨温 3. 岔区平纵断面整治 4. 全面捣固 5. 整治超限几何尺寸 6. 整治接头病害 7. 打磨肥边 8. 整治零配件 9. 锚固道岔大螺栓 10. 整治尖轨病害 11. 补充石渣	55	正确步骤的总得分/所有操作步骤的总分×55分基础分，计算至小数点后两位		

续表

工序	作业步骤	配分	评分标准	扣分	得分
验收总结	1. 作业回检	10	根据回检测量情况,判断作业是否正常。判断正确得分,错误不得分		
	2. 回收工机具	10	已回收的工机具材料数量/总计需要选择回收的工机具材料数量×10分基础分,计算至小数点后两位		
	3. 撤除防护	/	/		
	4. 工作总结	/	/		
合计					

表 4-1-15 教师评价表

序号	评价项目	自我评价	互相评价	教师评价	综合评价
1	学习准备				
2	引导问题填写				
3	规范操作				
4	完成质量				
5	关键操作要点掌握				
6	完成速度				
7	参与讨论主动性				
8	沟通协作				
9	待改善环节				

复盘:根据小组作业结果,小组讨论、分析有待改进之处及预防措施。

_____
_____
_____
_____
_____

情景2　更换道岔轨件作业

情景导引

20××年4月24日晚上9时23分左右，××省××州××市西北45 km处，某列车行驶过一处拐弯并且设置有道岔的区间时，由于道岔转动不及时，将车头的轮对压岔，导致脱轨事故。当时火车共有12节车厢，前两节车厢脱轨，其中一辆火车头倾斜约20°，铁路道岔设施被毁。该事故造成1人死亡，34人受伤。

据调查，此次事故是由于道岔的转动机构行程超限、制动缓冲不良，导致道岔转动不及时，轮对轨距自然增大，最终导致轮对压岔，火车脱轨。铁路部门在事故发生后采取了整改措施，加强检查，以提高铁路道岔的安全运行水平。

学习情景

任务描述

20××年9月17日上午8时29分，一列驶往××站一号月台的东铁线载客列车于车站以北、编号P××的道岔位置出轨，列车当时时速约39 km/h。该12卡列车的其中3个车卡（第4、5及6卡）出轨，第4与第5卡之间脱卡，该事故引致8名乘客受伤。

据调查，事故是由于维修人员认知不足，未能及时改善轨距扩阔的问题。维修人员没有在轨道上严谨按照既定程序跟进检查、修正轨距以及整理报告，现上级部门要求对该道岔进行更换轨件作业。

学习目标

【知识目标】
1. 了解更换道岔轨件的作业安全要求。
2. 理解更换道岔轨件的基本原则。
3. 掌握更换道岔轨件的作业程序。
4. 熟悉更换道岔轨件的规范要求。

【能力目标】
1. 熟练掌握更换道岔轨件作业程序。
2. 小组按作业安全要求合作完成更换道岔轨件任务。
3. 正确填报检查记录表，按规定进行任务的销记。

【素质目标】
1. 具有安全意识,确保作业过程中严格遵守安全规定,保障人员和设备安全。
2. 专业技能强,熟练掌握更换道岔轨件的技术和操作流程。
3. 具有团队协作能力,与团队成员密切配合,高效完成作业任务。
4. 具有责任心,对工作认真负责,保证作业质量。
5. 具有应变能力,能够应对作业过程中可能出现的各种情况。
6. 具有学习能力,不断学习和提升自身技能,适应行业发展。

任 务 资 讯

表 4-2-1 派工单

接收人		编制		审核		日期	
使用车间名称				线名		行别	
盯岗干部				作业等级		天窗类型	
作业负责人		驻站联络员		现场防护员		远端防护员	
作业人员						合计	
其他人员							
防洪呼叫点				G网手机号			
施工(维修)安排	作业项目			工作量配置			
	车站或区间			计划出乘时间			
	封锁里程			计划封锁时间			
班会前结束人员签到	作业负责人			作业结束下道前作业负责人清点人员			
	驻站联络员						
	现场防护员						
	作业人员						
	车间盯岗干部						
作业完成情况总结							

(问题引导)

问题1:简述更换道岔轨件现场作业流程。

问题 2：道岔更换轨件时常遇到的安全风险有哪些？

问题 3：验收总结。

1. 实操作业过程中的安全注意事项及质量要求有哪些？请用自己的语言进行描述。

2. 什么是查照间隔？

3. 什么是护背距离？

小提示 Tips

1. 封锁命令下达后，拆除相关联结零件。

2. 更换道岔辙叉。

（1）根据电务部门配合人员现场确认要求安装铜导线；

（2）根据新旧辙叉长度适当调整轨缝；

（3）拆卸联结零件，拨出旧辙叉，清理辙叉部位枕面杂物；

（4）换入新辙叉，上好联结零件，调整好轨距、查照间隔、护背距离和接头错牙，轨端倒棱，辙叉部位进行捣固；

（5）拆除铜导线。

3. 更换尖轨。

（1）根据电务部门配合人员现场确认要求安装铜导线；

（2）卸掉跟端和连接杆螺栓，拨出旧尖轨，换入新尖轨；

（3）连接各部螺栓，配合电务部门调整尖轨动程和竖切部位密贴；

（4）尖轨跟端和连接杆螺栓逐个涂油后上齐拧紧；

（5）检查改正轨距，复紧各部螺栓，打磨接头轨面；

（6）配合电务部门调试。

4. 更换基本轨。

(1) 根据电务部门配合人员现场确认要求安装铜导线；

(2) 拆卸各种联结零件，提速道岔应先拆除滑床板下弹片的穿钉和轨距调整块；

(3) 用撬棍插在基本轨螺栓孔内，将基本轨拨成与垫板 45°~60° 夹角，然后从基本轨内侧向外拨动基本轨，使轨底从滑床板内脱离；

(4) 拨出旧轨，拨入新轨；

(5) 联结各种零件，整正轨距，调整轨缝，调整尖轨密贴及接头错牙，并调整轨撑挡板三道缝，尖轨跟端和联结螺栓逐个松动后涂油上齐拧紧，轨端倒棱；

(6) 配合电务部门调试。

5. 更换护轮轨。

(1) 松开扣件、卸掉间隔铁，拨出旧护轨，安装新护轨；

(2) 装好间隔铁、轨撑、上好拧紧螺栓；

(3) 调整轮缘槽宽度，适当加调整片，螺栓复紧。

6. 联结道岔轨件及各联结零部件。

7. 回填道砟，将扒出的道砟整平。回填道砟应先道心、后轨枕头，做到"一撬一清"。

8. 安全风险。

(1) 作业引起设备损伤。防控措施：严格按照作业标准执行，禁止简化作业；由车间干部和包干干部把关。

(2) 更换轨件时，新轨件与旧轨件不匹配。防控措施：车间干部提前核对设备型号；丈量轨件长度及轨缝值，计算新轨件与下轨道件是否匹配；车间干部将由温度变化产生的伸缩量计入计算结果中；线路工区利用钢轨拉伸器调整。

9. 更换道岔轨件作业质量要求。

(1) 作业后各部尺寸达到《铁路线路修理规则》作业检验标准；

(2) 各部联结零件无松动，道钉、扣件齐全无失效；

(3) 尖轨顶面宽 50 mm 处及以上断面处，低于基本轨顶面不超过 2 mm；

(5) 尖轨密贴，跟部接头错牙不超过 1 mm；

(6) 滑床板密贴，转辙部分无空吊；

(7) 轮缘槽宽度 42 mm，误差不大于 −1~+3 mm；

(8) 查照间隔是指辙叉心作用面至护轨头部外侧的距离，查照间隔不得小于 1 391 mm，但也不能过大，否则会出现护轮槽宽度过小或轨距过大现象，应保持在 1 391~1 394 mm。护背距离是指辙叉翼作用面至护轨头部外侧的距离，护背距离不得大于 1 348 mm，但也不能过小，否则车轮轮缘通过时有撞击辙叉尖的危险，应保持在 1 346~1 348 mm。

制 订 计 划

按照收集资讯和决策过程,制订更换道岔轨件作业计划,计划包括施工准备、操作工艺流程及安全交底。

表 4-2-2　工作方案

步骤	工作内容	负责人

表 4-2-3　工具、耗材和器材清单

序号	名称	型号与规格	单位	数量	备注

表 4-2-4　人员分工

班级:		组号:		指导老师:		组长:	
组员:							
任务分工		人员类型		人员数量		人员姓名	
人员总计							

表 4-2-5　工时计划

作业流程	计划工时	实际工时	工时偏差
合计			

表 4-2-6　成本核算

序号	名称	数量	单价	小计
1				
2				
3				
4				
5				
合计				

作 业 准 备

1. 点名与分工确认

表 4-2-7　点名签字表

序号	人员类型	作业职责	签字
1			
2			
3			
4			
备注		施工（作业）负责人确认无误□	

2. 安全预想

表 4-2-8　风险卡控

序号	主要风险点	卡控措施

3. 工机具检查

表 4-2-9　机具点检

机具名称	数量	是否无误	备注
施工（作业）负责人确认无误□			

操 作 实 施

1. 作业任务

分组完成更换道岔轨件作业的关键任务和操作细节。

道岔综合整治的目的是消除重伤或折断道岔伤损_____、_____、_____、_____、护轮轨，防止行车事故发生。

2. 现场作业

微课　更换道岔轨件作业流程及操作要点

3. 实操记录表

表 4-2-10　实操记录表

作业范围		记录时间		作业内容	
项目	作业前	作业后	参照标准	线路类型	
开始时间			/		
完成时间			/		

续表

轨温		/	记录人员	
轨距		+2/-2		
水平		3	核查人员	
高低		3		
轨向（直线）		3	作业负责人	
三角坑	缓和曲线	3	是否符合作业要求□	
	直线和圆曲线	3		

小提示 Tips

作业流程如图 4-2-1 所示。

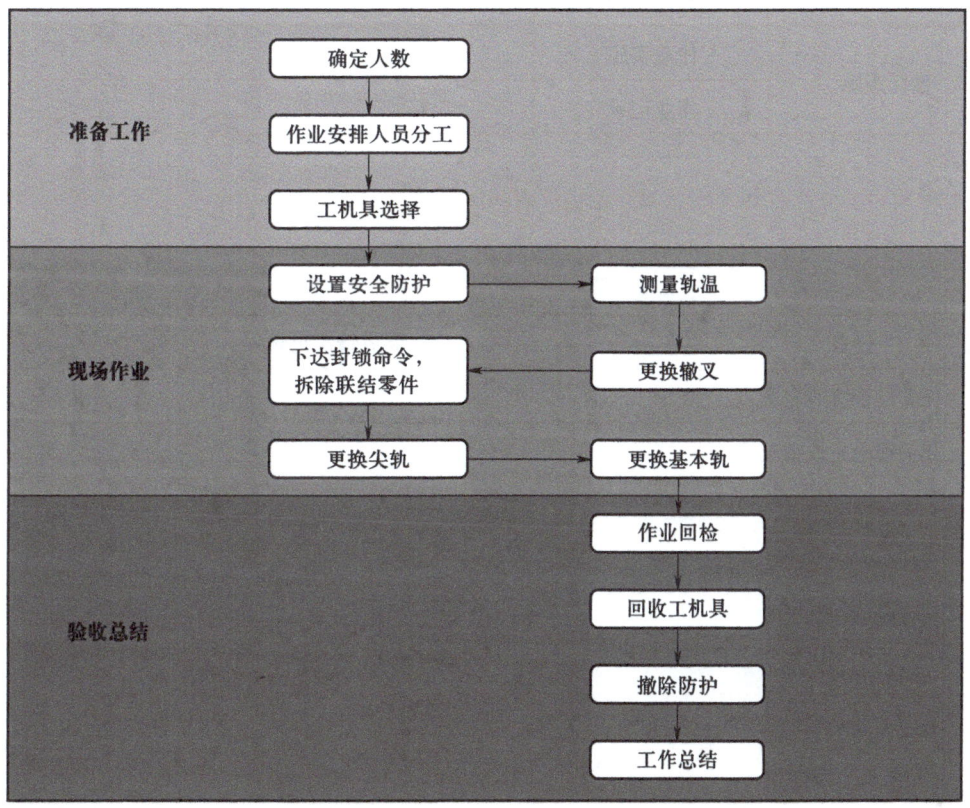

图 4-2-1 作业流程图

模块四 道岔作业 177

技 术 移 交

表 4-2-11 技术移交表

任务项目	关键要点	完成情况
任务资讯	任务单填写	
	问题导引解答	
制订计划	作业方案制订	
	工机具选取	
	人员分配	
	成本核算	
作业准备	安全预想	
	人员机具检查	
操作实施	作业实施	
	作业记录	

评 价 反 馈

表 4-2-12 学生自评表

任务	完成情况记录
任务是否按时完成	
相关理论完成情况	
技能训练情况	
任务完成情况	
任务创新情况	
材料上交情况	
有益的经验和做法	
总结、反思及建议	

表 4-2-13 学生互评表

序号	评价项目	小组互评				
1	任务是否按时完成	5 □	4 □	3 □	2 □	1 □
2	材料完成上交情况	5 □	4 □	3 □	2 □	1 □
3	完成质量	5 □	4 □	3 □	2 □	1 □
4	语言表达能力	5 □	4 □	3 □	2 □	1 □
5	小组成员合作面貌	5 □	4 □	3 □	2 □	1 □
6	创新点	5 □	4 □	3 □	2 □	1 □
7	简要评述					

表 4-2-14 教师评分表

工序	作业步骤	配分	评分标准	扣分	得分
准备工作	1. 确定人数	5	小组点名,根据考勤情况打分。缺勤个人得分为零		
	2. 作业安排及人员分工	5	能合理分配小组作业人员。得分为作业人员正确率×5分基础分,计算至小数点后两位		
	3. 选择作业工机具和材料	15	选择正确的工具及数量/总计需要选择的工具及数量×15分基础分,计算至小数点后两位		
现场作业	1. 设置安全防护	55	正确步骤的总得分/所有操作步骤的总分×55分基础分,计算至小数点后两位		
	2. 测量轨温				
	3. 更换辙叉				
	4. 下达封锁命令,拆除相关联结零件				
	5. 更换尖轨				
	6. 更换基本轨				
验收总结	1. 作业回检	10	根据回检测量情况,判断作业是否正常。判断正确得分,错误不得分		
	2. 回收工机具	10	已回收的工机具材料数量/总计需要选择回收的工机具材料数量×10分基础分,计算至小数点后两位		
	3. 撤除防护	/	/		
	4. 工作总结	/	/		
合计					

表 4-2-15 教师评价表

序号	评价项目	自我评价	互相评价	教师评价	综合评价
1	学习准备				
2	引导问题填写				
3	规范操作				
4	完成质量				
5	关键操作要点掌握				
6	完成速度				
7	参与讨论主动性				
8	沟通协作				
9	待改善环节				

复盘：根据小组作业结果，小组讨论、分析有待改进之处及预防措施。

_____
_____
_____
_____
_____
_____
_____

模块五 无缝线路作业

情景 1　应力放散作业

情景导引

20××年5月9日,某集团公司××铁路局对××专线上的无缝线路进行了应力放散处理。在处理过程中,一台 4.5 t 重的应力放散器在放散时突然侧倾,并且无法支撑住分离装置。结果导致了应力放散的难度增大,同时也给钢轨安装带来了风险。

根据报道,事故后,工程师们立即停止了应力放散工作,同时组织专业人员对现场进行检查。通过检查,发现应力放散器支撑点处的安装位置不当,再加上设备本身的磨损和老化等原因,最终导致了支撑点失灵。

事故发生后,相关部门进行了调查,对设备使用及安装的规范性进行了加强,提供了更为安全的无缝线路应力放散措施,以避免类似事故再次发生。该事件也提醒作业人员,铁路建设过程中应该更加关注工具使用和设备及机具的检查保养,以确保铁路设施的安全运行。

学习情景

任务描述

某上、下行按 60 kg/m 无缝线路,1 680 根 /km,Ⅲ型砼枕,Ⅱ型弹条扣件设计。根据养护维修安排,需对其铁路框架桥中心各 50 m 范围内四股线路进行应力放散。

学习目标

【知识目标】
1. 了解应力放散的作业安全要求。
2. 理解无缝线路应力放散的定义与条件。

3. 掌握应力放散的作业程序。
4. 熟悉应力放散的规范要求。

【能力目标】
1. 能够根据公式进行无缝线路应力放散的计算。
2. 能够根据无缝线路应力放散要求,调整轨道内部应力。
3. 能够编制无缝线路应力放散的组织和安全技术措施。

【素质目标】
1. 具有质量意识,始终将作业质量放在首位,保证线路的稳定性和安全性。
2. 具有问题解决能力,能及时发现并解决作业中可能出现的问题。
3. 具有环境适应能力,能够在不同的作业环境下保持良好的工作状态。
4. 具有数据分析能力,能准确分析和判断应力放散的相关数据。
5. 具有安全警觉性,对于安全隐患时刻保持警惕。

任 务 资 讯

表 5-1-1 派工单

接收人		编制		审核		日期	
使用车间名称				线名		行别	
盯岗干部				作业等级		天窗类型	
作业负责人		驻站联络员		现场防护员		远端防护员	
作业人员						合计	
其他人员							
防洪呼叫点				G网手机号			
施工(维修)安排	作业项目		工作量配置				
	车站或区间		计划出乘时间				
	封锁里程		计划封锁时间				
班会前结束人员签到	作业负责人		作业结束下道前作业负责人清点人员				
	驻站联络员						
	现场防护员						
	作业人员						
	车间盯岗干部						
作业完成情况总结							

（问题引导）

问题1：什么是锁定轨温？

_____

_____

_____

问题2：为什么要开展应力放散作业？

_____

_____

_____

问题3：怎样进行应力放散作业？

_____

_____

_____

小提示 Tips

1. 无缝线路：无缝线路的锁定轨温又称"零应力轨温"，一根钢轨从自由状态转化为被完全固定状态时的轨温称为锁定轨温。此时，钢轨内部的温度应力等于0。比如一根长25 m的钢轨被拨入线路，其两端联结夹板、拧紧接头螺栓时的轨温为20℃，即20℃为该钢轨的锁定轨温。

2. 应力放散：温度应力式长轨线路的钢轨锁定后，不能随温度的变化而自由伸缩。在轨温与锁定轨温不同时，轨内产生相应的温度应力，温差大，应力亦相应增大。为了使温度应力控制在一定范围内，避免钢轨强度和线路稳定性被破坏而采取定期放散夹板和扣件，这种作业程序称为应力放散。

3. 测定轨温。

（1）由工长点名，确认当日作业人员数量和精神状态。对作业人员进行工作安排和人员分工。工长担当作业负责人，并至少安排4人以上进行作业，同时设置驻站联络员1人、现场防护员1人。作业完毕后要做好工器具、材料、作业人员的出清工作。撤除防护时现场防护员带领作业人员统一沿路肩返回，作业负责人确认人机材无误后，办理撤除防护手续。

（2）在下达封锁命令后，现场防护员执行"手比、眼看、口呼"，设置移动停车信号牌，根据计算拉伸量，定准位置，锯断钢轨。

（3）除去被测量的钢轨表面的铁锈污物，将仪表吸附在钢轨表面，5 min后可以读出仪表的数值，该数值即为钢轨的表面温度。需要连续测量时，可将温度计吸附在钢轨腰部位。

4. 确定应力放散方案。

（1）采用滚筒配合撞轨法，应在接近锁定轨温的条件下进行作业，松开扣件、轨距杆和防爬器，每隔8~10 m撤除枕上垫板，同时垫入滚筒，配以适当纵向撞轨、横向敲击，使长轨条伸缩，达到自由状态后锁定线路。

（2）采用滚筒结合拉伸配合撞轨法时，在轨温低于设计锁定轨温条件下进行时，利用前述方法放散，使长轨条达到自由状态，通过测温、计算拉伸量后，用伸器拉伸长轨条，拉伸到位后锁定线路。

5. 准备应力放散所需机具，确保状态良好。计算好长轨放散量、调节锯轨量。钢轨撞轨器按调整方案确定数量，轨拉伸器2~3台直线滚筒按长轨延长每8~10 m放置1个（曲线地段每20 m增加一个），涂油器每100~150 m放置1台，道钉锤1把/50 m，轨温计2块。

6. 更换调节后再集中从龙口向固定端依次松开扣件，扣件不需全部松脱，弹条无扣压力即可。若放散终端为缓冲区，需保留伸缩区终端20 m扣件不松动。用起拨道器打起钢轨，撤下胶垫，清理轨底并在与放散方向相反一侧轨枕承轨槽边缘垫入滚筒，垫板较厚地段应撤出影响放散的垫板，同时对轨枕螺栓进行涂油。

7. 用撞轨器进行纵向撞轨，用道钉锤敲击钢轨顶面（严禁锤击轨底或轨腰）直到长轨放散端空头数值不发生变化，且钢轨发反弹时为止，记录此时轨温，并根据设计锁定轨温计算需拉伸的钢轨长度。

8. 通过计算，正确预留好缓冲区或保留段轨缝，拧紧扣件，安设拉伸器，进行拉伸。同时用撞轨器撞轨配合拉伸，道钉锤敲击钢轨顶面（严禁锤击轨底或轨腰），方正个别拉斜轨枕（当人力方枕困难时，可用液压方枕器方正轨枕），位移量较大时作业人员应巡视滚筒滚动情况，滚筒滚掉后重新垫好。临时位移观测点作业人员应随时向施工负责人汇报观测点位移量。

9. 钢轨放散达到要求后，撤出滚筒，整正胶垫，必须拧紧长轨拉伸端50~100 m范围内的全部扣件和接头螺栓，达到规定扭矩（120~150 N·m）要求后，确定该无缝线路的实际锁定轨温，方可卸载并拆下拉伸器。

10. 主要质量标准。

（1）左右股单元轨节温差不应大于5℃，相邻单元轨节温差不应大于5℃。使用的轨温表必须经过校验，在有效期内使用。

（2）应力放散应做到匀、准、够，以便锁定轨温一步到位。左右两股钢轨同步锁定。采用温度控制法放散时，确认钢轨应力已经放散均匀，且实际轨温满足要求即可；采用长度控制法放散时，各撞轨点、龙口及各位移观测点放散量必须足够。

（3）放散后胶垫应放正无缺损，扣件安装齐全，扣压力、扭矩符合设计要求，对扣件进行全面涂油。

（4）焊头质量：焊头顶面容许偏差值控制在0~0.3 mm以内；焊头作用边容许偏差值控制在±0.3 mm以内；有侧磨的工作边焊复时，轨距变化率不大于2‰，工作边打磨长度不小于2 m，且磨耗量均匀递变。

（5）放散地段的调高扣件要恢复原状，轨道几何尺寸按《铁路线路修理规则》标准执行。

（6）及时更新无缝线路技术台账，并下发给各线路车间和工区，现场放散施工时必须做好记录，保存原始记录交技术科。

制 定 计 划

按照收集资讯和决策过程，制订应力放散作业计划，计划包括施工准备、操作工艺流程及安全交底。

表 5-1-2　工作方案

步骤	工作内容	负责人

表 5-1-3　工具、耗材和器材清单

序号	名称	型号与规格	单位	数量	备注

表 5-1-4　人员分工表

班级：	组号：	指导老师：	组长：
组员：			
任务分工	人员类型	人员数量	人员姓名
人员总计			

表 5-1-5　工时计划

作业流程	计划工时	实际工时	工时偏差
点名签字			
安全预想			
工机具检查			
设置防护			
上道作业			
作业质量回检			
合计			

表 5-1-6　成本核算

序号	名称	数量	单价	小计
1				
2				
3				
4				
5				
合计				

作 业 准 备

1. 点名与分工确认

表 5-1-7　点名签字表

序号	人员类型	作业职责	签字
1			
2			
3			
4			
备注		施工（作业）负责人确认无误□	

2. 安全预想

表 5-1-8　风险卡控

序号	主要风险点	卡控措施

3. 工机具检查

表 5-1-9　机具点检

机具名称	数量	是否无误	备注
	施工（作业）负责人确认无误□		

4. 知识练习（问题引导）

问题1：什么是应力放散？什么时候需要进行应力放散？

_____

_____

_____

问题2：引起锁定轨温变化的原因有哪些？

_____

_____

_____

问题3：应力放散计算。

根据应力放散公式计算：某地区的无缝线路，其缓冲区两侧的长钢轨长度分别为 l_1=1 500 m，l_2=1 400 m，长钢轨中部固定，分别向两侧放散，由此得放散长度为 $l_{放1}$=750 m，$l_{放2}$=700 m；放散后计划锁定轨温 t=27℃，原锁定轨温 t_2=16℃，缓冲区由4根25 m长的缓冲轨组成，缓冲区原有轨缝总和为 20 mm，缓冲区预留轨缝均为8 mm，不考虑线路爬行，计算其锯轨量。

小提示 Tips

1.《普速铁路线路修理规则》第 3.10.15 条规定,无缝线路的锁定轨温必须准确、均匀,有下列情况之一者,必须做好放散或调整工作。

(1)实际锁定轨温不在设计锁定轨温范围以内。

(2)锁定轨温不清楚或不准确。

(3)跨区间、区间无缝线路相邻单元轨节之间的锁定轨温之差大于5℃,同一区间内单元轨节的最高与最低锁定轨温之差大于10℃;左右股钢轨锁定轨温之差,允许速度160 km/h 及以下线路大于5℃,允许速度 160 km/h 以上线路大于3℃。

(4)长轨节产生不正常的位移。

(5)无缝道岔限位器顶死或两股尖轨相错量超过 20 mm。

(6)夏季线路轨向严重不良,碎弯多。

(7)通过测试,发现温度力分布严重不匀。

(8)因处理线路故障或施工造成实际锁定轨温超出设计锁定轨温范围或位移超限。

(9)低温铺设轨条时,拉伸不到位或拉伸不均匀。

(10)某些线路因施工需要需提高或降低无缝线路的锁定轨温时。

2. 锁定轨温变化的原因主要有以下 4 点。

(1)为了扩大施工季节,加速无缝线路的铺设,在气温较高或较低季节进行铺设施工,造成锁定轨温比设计锁定轨温高或低的情况。

(2)低温焊接断缝。冬季固定区钢轨折断后,断口处两端钢轨收缩,放散了一部分温度拉力,在当时低温条件下焊上一段短轨,这就相当于让这段线路在低温下锁定,改变了原来的锁定轨温。

(3)作业不当,如在低温或高温时解开接头、在伸缩区超限超温作业等,会导致钢轨产生不正常的伸缩变形,相当于放散了钢轨应力,作业完成后恢复线路,等于重新锁定线路,改变了原来的锁定轨温。

(4)由于线路严重爬行,钢轨产生不正常的伸缩变形,改变了原来的锁定轨温。

3. 无缝线路应力放散需要做到放散量要够,沿长钢轨要均匀,锁定轨温要准。为此,要进行放散量、预留轨缝及锯轨量的计算。

(1)放散量计算

应力放散时,按钢轨自由伸缩条件计算长钢轨的放散量:

$$\Delta L = a \times L_{放}(t_1 - t_2)$$

式中　ΔL——放散量(mm);

　　　$L_{放}$——需要放散的钢轨长度(m);

　　　t_1——放散后的计划锁定轨温(℃);

　　　t_2——原锁定轨温(℃)。

(2)锯轨量计算

应力放散时,钢轨要伸缩,为使缓冲区钢轨满足预留轨缝,须把缓冲区的缓冲轨锯短或换上合适长度的钢轨。缓冲区内钢轨长度的变化,通常称为锯轨量。

计算缓冲区缓冲轨的锯轨量时,必须考虑到缓冲区内预留轨缝与现有轨缝的情况,以及结合放散整治线路爬行的情况,其锯轨量按下式计算确定:

$$K = \Delta L + (\sum a - \sum b) \pm c$$

式中　K——锯轨量(mm);

　　　$\sum a$——放散后缓冲区内预留轨缝的总和(mm);

　　　$\sum b$——放散前缓冲区内原有轨缝的总和(mm);

　　　c——爬行量(mm),如与放散方向相反,取正号,反之取负号。

操 作 实 施

1. 作业任务

分组完成铁路线路应力放散作业。严格执行《安规》《营业线上线作业安全防护管理办法》各项要求,落实有效的防护措施。

2. 现场作业

微课　应力放散作业

3. 实操记录表

表 5-1-10 实操记录表

单元轨节编号		起止里程		气温	
单元轨节长度		计划锁定轨温		施工后锁定轨温	
点号	现场调整量	计划调整量	差值	拉伸方向	
1					
2					
3					
4					
5					
6					
7					
8					

小提示 Tips

作业流程如图 5-1-1 所示。

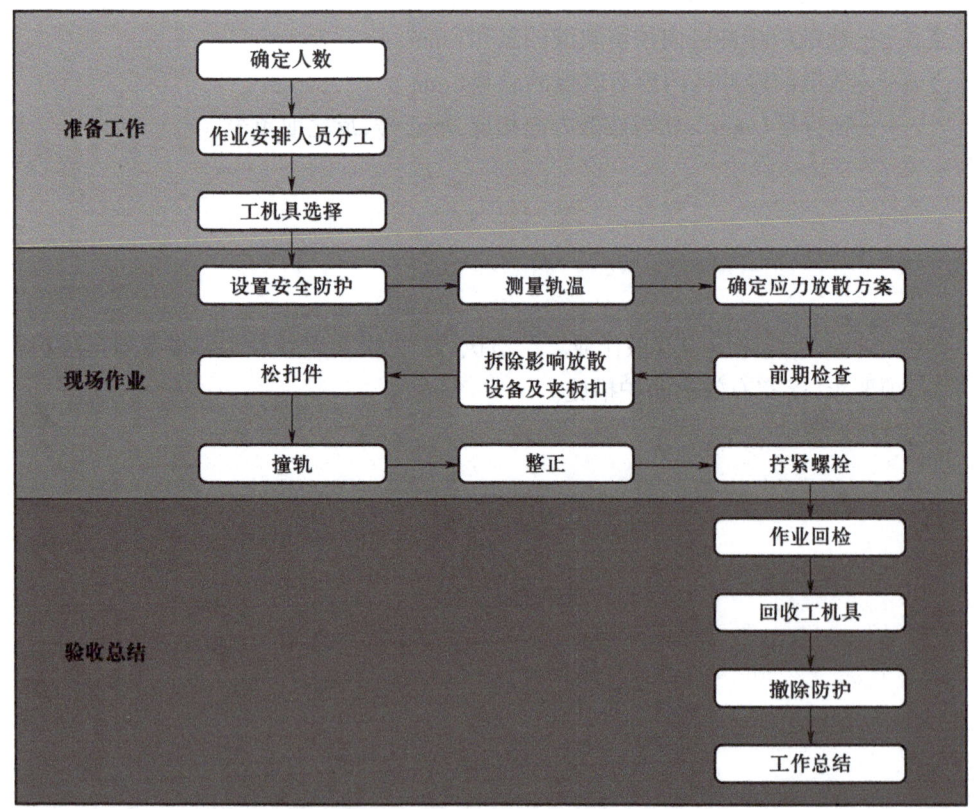

图 5-1-1 作业流程图

技术移交

表 5-1-11　项目完成情况记录表

任务项目	关键要点	完成情况
任务资讯	任务单填写	
	问题导引解答	
制订计划	作业方案制订	
	工机具选取	
	人员分配	
	成本核算	
作业准备	安全预想	
	人员机具检查	
操作实施	作业实施	
	作业记录	

评价反馈

表 5-1-12　学生自评表

任务	完成情况记录
任务是否按时完成	
相关理论完成情况	
技能训练情况	
任务完成情况	
任务创新情况	
材料上交情况	
有益的经验和做法	
总结、反思及建议	

表 5-1-13　学生互评表

序号	评价项目	小组互评				
1	任务是否按时完成	5 ☐	4 ☐	3 ☐	2 ☐	1 ☐
2	材料完成上交情况	5 ☐	4 ☐	3 ☐	2 ☐	1 ☐
3	完成质量	5 ☐	4 ☐	3 ☐	2 ☐	1 ☐
4	语言表达能力	5 ☐	4 ☐	3 ☐	2 ☐	1 ☐
5	小组成员合作面貌	5 ☐	4 ☐	3 ☐	2 ☐	1 ☐
6	创新点	5 ☐	4 ☐	3 ☐	2 ☐	1 ☐
7	简要评述					

表 5-1-14　教师评分表

工序	作业步骤	配分	评分标准	扣分	得分
准备工作	1. 确定人数	5	小组点名，根据考勤情况打分。缺勤个人得分为零		
	2. 作业安排及人员分工	5	能合理分配小组作业人员。得分为作业人员正确率×5分基础分，计算至小数点后两位		
	3. 选择作业工机具和材料	15	选择正确的工机具及数量/总计需要选择的工机具及数量×15分基础分，计算至小数点后两位		
现场作业	1. 设置安全防护	55	正确步骤的总得分/所有操作步骤的总分×55分基础分，计算至小数点后两位		
	2. 测量轨温				
	3. 确定应力放散方案				
	4. 前期检查				
	5. 拆除影响放散设备及夹板扣				
	6. 应力放散：松扣件				
	7. 应力放散：撞轨				
	8. 应力放散：整正				
	9. 应力放散：拧紧螺栓				

续表

工序	作业步骤	配分	评分标准	扣分	得分
验收总结	1. 作业回检	10	根据回检测量情况,判断作业是否正常。判断正确得分,错误不得分		
	2. 回收工机具	10	已回收的工机具材料数量/总计需要选择回收的工机具材料数量×10分基础分,计算至小数点后两位		
	3. 撤除防护	/	/		
	4. 工作总结	/	/		
合计					

表 5-1-15 教师评价表

序号	评价项目	自我评价	互相评价	教师评价	综合评价
1	学习准备				
2	引导问题填写				
3	规范操作				
4	完成质量				
5	关键操作要点掌握				
6	完成速度				
7	参与讨论主动性				
8	沟通协作				
9	待改善环节				

复盘:根据小组作业结果,小组讨论、分析有待改进之处及预防措施。

_____
_____
_____
_____
_____
_____
_____

情景 2　应力调整作业

情景导引

20××年××月，××站内 12 条股道中，8 条为无缝线路，最长的达到了 1 200 m。这条线路的应力已经积累到了较高的水平，为了避免可能发生的安全事故，铁路部门决定对此进行一次全面的应力调整。

为了保证调整的效果和安全性，××站铁路部门采用了最新的无缝线路应力调整设备，控制系统采用了最新的计算技术和监测模型，通过对股道数据的实时监测，使应力调整的结果更加准确。

在调整中，工作人员对铁路线路中积累的应力进行逐一检测，然后结合实际情况和作业经验，有针对性地对不同的应力点进行调整，使得铁路线路整体的应力达到更加平衡、合理的状态。调整完成后，工作人员还会对调整的效果和线路的运行状况进行持续的监测和检测，以确保调整的效应持久并能够达到预期效果。

该案例表明，在铁路的运营中，无缝线路应力调整是一项重要的工作，它可以有效地保护铁路线路的稳定性和安全性。同时，合理及准确地使用调整设备和控制系统，也能够提高工作的效率和安全性，保障铁路的正常运营。

学习情景

任务描述

某上、下行按 60 kg/m 无缝线路，1 680 根/km，Ⅲ型砼枕，Ⅱ型弹条扣件设计。根据养护维修安排，需对其铁路框架桥中心各 50 m 范围内四股线路进行应力调整。

学习目标

【知识目标】
1. 了解应力调整的作业安全要求。
2. 理解无缝线路应力调整的定义与条件。
3. 掌握应力调整的作业程序。
4. 熟悉应力调整的规范要求。

【能力目标】
1. 能够根据公式进行无缝线路应力调整的计算。
2. 能够根据无缝线路应力调整要求，调整轨道内部应力。

3. 能够编制无缝线路应力调整的组织和安全技术措施。

【素质目标】

1. 严谨细致,保证每一个环节都准确无误,避免因疏忽导致问题。
2. 技术熟练,熟练掌握应力调整的技术和方法。
3. 判断准确,能够准确判断线路状况,做出合理调整。
4. 团队协作,与团队成员密切配合,高效完成作业任务。
5. 责任心强,对作业质量和作业安全高度负责。
6. 应变能力强,能灵活应对作业中出现的各种情况。
7. 安全意识强,始终将安全放在首位,严格遵守安全规定。

任 务 资 讯

表 5-2-1 派工单

接收人		编制		审核		日期	
使用车间名称				线名		行别	
盯岗干部				作业等级		天窗类型	
作业负责人		驻站联络员		现场防护员		远端防护员	
作业人员						合计	
其他人员							
防洪呼叫点				G网手机号			
施工(维修)安排	作业项目		工作量配置				
	车站或区间		计划出乘时间				
	封锁里程		计划封锁时间				
班会前结束人员签到	作业负责人		作业结束下道前作业负责人清点人员				
	驻站联络员						
	现场防护员						
	作业人员						
	车间盯岗干部						
作业完成情况总结							

【问题引导】

问题1：什么是锁定轨温？

_____

_____

_____

问题2：为什么要开展应力调整作业？

_____

_____

_____

问题3：怎样进行应力调整作业？

_____

_____

_____

小提示 Tips

1. 临时位移观测点作业人员应随时向施工负责人汇报观测点位移量。当调整达到要求后，撤出滚筒，整正胶垫，更换失效零配件，拧紧调整地段的全部螺栓，扭矩达到规定值，铺设已拆道口，安设防爬设备、轨距杆、地锚拉杆等。

2. 质量和标准要求。

（1）应每隔50~100 m设1个位移观测点，观测钢轨位移量，及时排除影响放散的障碍，总放散量应达到计算数值，钢轨全长放散均匀或各点位移量在坐标图上的连线呈直线状态，锁定轨温应准确。

（2）锁定轨温必须在设计锁定轨温范围以内，左右两股长钢轨的锁定轨温差不超过5℃，两相邻单元轨节的锁定轨温差不超过5℃。同一区间内单元轨节的最低、最高锁定轨温不得超过10℃。

（3）缓冲区应为标准轨，且轨缝均匀合适，两端长轨错差不大于40 mm。接头应使用不低于10.9级螺栓，螺栓扭矩应保持700~1 100 N·m，绝缘接头轨缝不得小于6 mm。

（4）轨枕螺栓涂油、拧紧，扭矩应达80~150 N·m。

（5）缓冲区调节轨及其配件无缺损，配短轨时，一律锯截、钻孔，严禁用乙炔切割或烧孔。换出的调节轨做好标记存放在指定位置，以便在恢复原锁定轨温时使用。

（6）放散地段的调高扣件要恢复原状，轨道几何尺寸按《普速铁路线路修理规则》（TG/GW 102—2019）标准执行。

3. 安全风险。

（1）无缝线路锁定轨温不准。防控措施：① 对已换轨地段，做好技术资料交接，做好相关记录，及时填写无缝线路技术卡片；② 对破损的位移观测桩及时修补，对位置发生改变的处所，及时恢复观测点；③ 按设计锁定轨温进行放散并锁定。

（2）高温时段，在无缝线路地段进行影响线路稳定的作业。防控措施：① 轨温超50℃（或气温超36℃）时，禁止在无缝线路地段进行影响线路稳定的作业；② 在作业前、中、后认真测量轨温；③ 线路车间、工区严格落实作业卡控制度；④ 工务段及车间管理人员须开展高温添乘检查，发现问题及时督促整改。

（3）施工地段长轨条胀轨。防控措施：① 在直线地段按每 50 m 一对，曲线地段按每 30 m 一对的标准数量安装防胀卡；② 在卸轨前，拉作要达到的要求，应低于枕木头顶面 25~30 mm，拉平宽度为轨枕头外 500 mm；③ 线路缺碎地段应根据实际情况设枕木头做支垫。

（4）线路车间加强防胀巡查，干部跟班检查落实。

制 订 计 划

按照收集资讯和决策过程，制订应力调整作业计划，计划包括施工准备、操作工艺流程及安全交底。

表 5-2-2　工作方案

步骤	工作内容	负责人

表 5-2-3　工具、耗材和器材清单

序号	名称	型号与规格	单位	数量	备注

表 5-2-4　人员分工

班级：	组号：	指导老师：	组长：
组员：			
任务分工	人员类型	人员数量	人员姓名

续表

任务分工	人员类型	人员数量	人员姓名
人员总计			

表 5-2-5　工时计划

作业流程	计划工时	实际工时	工时偏差
点名分工			
安全预想			
工机具检查			
设置防护			
上道作业			
作业质量回检			
合计			

表 5-2-6　成本核算

序号	名称	数量	单价	小计
1				
2				
3				
4				
5				
合计				

作 业 准 备

1. 点名与分工确认

表 5-2-7　点名签字表

序号	人员类型	作业职责	签字
1			
2			
3			
4			
备注		施工（作业）负责人确认无误☐	

2. 安全预想

表 5-2-8　风险卡控

序号	主要风险点	卡控措施

3. 工机具检查

表 5-2-9　工机具点检

机具名称	数量	是否无误	备注
		☐	
		☐	
		☐	
		☐	
		☐	
施工（作业）负责人确认无误☐			

模块五　无缝线路作业

操作实施

1. 作业任务

分组完成铁路线路应力调整作业。严格执行《安规》《营业线上线作业安全防护管理办法》各项要求,落实有效的防护措施。

2. 现场作业

微课 应力调整作业

3. 实操记录表

表 5-2-10 实操记录表

单元轨节编号		起止里程		气温	
单元轨节长度		计划锁定轨温		施工后锁定轨温	
点号	现场拉伸量	计划拉伸量	差值	拉伸方向	
1					
2					
3					
4					
5					
6					
7					
8					

> **小提示 Tips**

作业流程如图 5-2-1 所示。

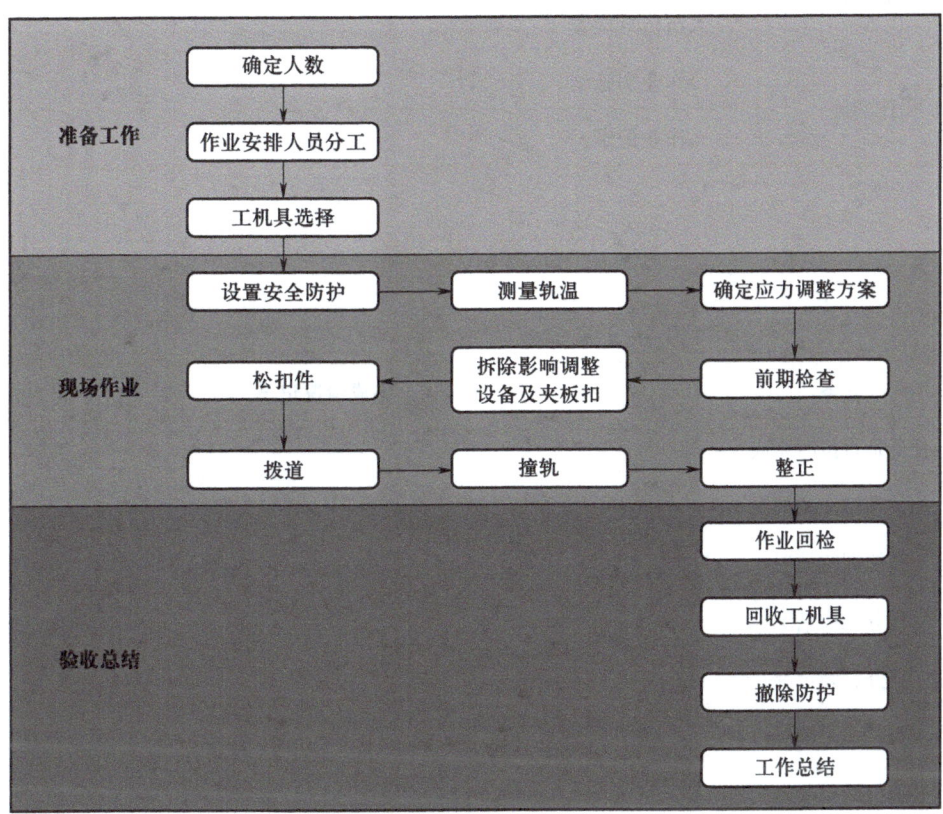

图 5-2-1　作业流程图

技 术 移 交

表 5-2-11　项目完成情况记录表

任务项目	关键要点	完成情况
任务资讯	任务单填写	
	问题导引解答	
制订计划	作业方案制订	
	工机具选取	
	人员分配	
	成本核算	

续表

任务项目	关键要点	完成情况
作业准备	安全预想	
	人员机具检查	
操作实施	作业实施	
	作业记录	

评 价 反 馈

5-2-12 学生自评表

任务	完成情况记录
任务是否按时完成	
相关理论完成情况	
技能训练情况	
任务完成情况	
任务创新情况	
材料上交情况	
有益的经验和做法	
总结、反思及建议	

表 5-2-13 学生互评表

序号	评价项目	小组互评				
1	任务是否按时完成	5□	4□	3□	2□	1□
2	材料完成上交情况	5□	4□	3□	2□	1□
3	完成质量	5□	4□	3□	2□	1□
4	语言表达能力	5□	4□	3□	2□	1□
5	小组成员合作面貌	5□	4□	3□	2□	1□
6	创新点	5□	4□	3□	2□	1□
7	简要评述					

表 5-2-14 教师评分表

工序	作业步骤	配分	评分标准	扣分	得分
准备工作	1. 确定人数	5	小组点名,根据考勤情况打分。缺勤个人得分为零		
	2. 作业安排及人员分工	5	能合理分配小组作业人员。得分为作业人员正确率×5分基础分,计算至小数点后两位		
	3. 选择作业工机具和材料	15	选择正确的工机具及数量/总计需要选择的工机具及数量×15分基础分,计算至小数点后两位		
现场作业	1. 设置安全防护	55	正确步骤的总得分/所有操作步骤的总分×55分基础分,计算至小数点后两位		
	2. 测量轨温				
	3. 确定应力调整方案				
	4. 前期检查				
	5. 拆除影响调整设备及夹板扣				
	6. 应力调整:松扣件				
	7. 应力调整:撞轨				
	8. 应力调整:整正				
	9. 应力调整:拧紧螺栓				
验收总结	1. 作业回检	10	根据回检测量情况,判断作业是否正常。判断正确得分,错误不得分		
	2. 回收工机具	10	已回收的工机具材料数量/总计需要选择回收的工机具材料数量×10分基础分,计算至小数点后两位		
	3. 撤除防护	/	/		
	4. 工作总结	/	/		
合计					

表 5-2-15　教师评价表

序号	评价项目	自我评价	互相评价	教师评价	综合评价
1	学习准备				
2	引导问题填写				
3	规范操作				
4	完成质量				
5	关键操作要点掌握				
6	完成速度				
7	参与讨论主动性				
8	沟通协作				
9	待改善环节				

复盘：根据小组作业结果，小组讨论、分析有待改进之处及预防措施。

模块六 连接零件作业

情景 1　螺栓涂油作业

情景导引

钢轨接头螺栓由于长期处于风吹雨淋的户外,非常容易锈蚀,接头螺栓一旦生锈,将很难拆卸,影响夹板的更换。为了保持螺栓的作用良好,便于安装和拆卸,钢轨接头的螺栓应根据锈蚀的变化规律,有计划地进行涂油,使螺栓在钢轨温度变化时能发挥良好的作用,以及在列车的冲击和振动下减少摩擦。螺栓涂油操作简单,只需找到需要涂油的接头螺栓,按照顺序卸下螺栓后,对其进行除锈、涂油,然后按照顺序拧上螺栓,并用扭矩扳手复紧即可。

学习情景

任务描述

经检查,××铁路线上行区间正线 K64—K16 钢轨接头处螺栓受客车排放的废水腐蚀比较严重,每年季节性螺栓涂油工作没有跟进,造成锈蚀问题开始加重,部分地段存在螺栓细脖现象。受腐蚀严重的螺栓失去承压力,平垫失效,螺母外径变小。个别轨枕存在接头空吊或轨距变化率不合适的问题,锈蚀的螺栓在车轮外力及钢轨内部应力的作用下容易折断,造成钢轨无法平顺连接,严重危及行车安全。现需紧急更换锈蚀严重的螺栓,并对其余螺栓进行涂油作业。

学习目标

【知识目标】
1. 掌握接头螺栓涂油的作业安全要求。
2. 掌握接头螺栓涂油的作业程序。
3. 掌握接头螺栓涂油的规范要求。

4. 了解螺栓的编号方法。

【能力目标】

1. 熟练掌握接头螺栓涂油作业程序。
2. 小组按作业安全要求合作完成接头螺栓涂油任务。
3. 正确地查找需要涂油的螺栓。
4. 能按正确的顺序对螺栓进行拆卸和安装。
5. 正确填报检查记录表,按规定进行任务的销记。

【素质目标】

1. 具有健康的体魄、良好的心理素质。
2. 具有良好的职业道德和严谨科学的工作态度。
3. 具有较强的环境适应和信息处理能力。
4. 具有安全意识和防护意识。

任 务 资 讯

表 6-1-1 派工单

接收人		编制		审核		日期	
使用车间名称				线名		行别	
盯岗干部				作业等级		天窗类型	
作业负责人		驻站联络员		现场防护员		远端防护员	
作业人员						合计	
其他人员							
防洪呼叫点				G网手机号			
施工(维修)安排	作业项目		工作量配置				
	车站或区间		计划出乘时间				
	封锁里程		计划封锁时间				
班会前结束人员签到	作业负责人		作业结束下道前作业负责人清点人员				
	驻站联络员						
	现场防护员						
	作业人员						
	车间盯岗干部						
作业完成情况总结							

（问题引导）

问题1：接头螺栓涂油有什么作用？
_____
_____
_____

问题2：接头螺栓复紧顺序是什么？
_____
_____
_____

问题3：简述接头螺栓涂油现场作业流程。
_____
_____
_____
_____

小提示 Tips

1. 周期性涂油防止螺栓锈蚀可使螺栓便于松卸、拧紧。松紧螺栓的同时还可以更换失效螺栓、不良垫圈及非标螺栓及垫圈。

2. 螺栓复紧顺序：直线地段如图6-1-1所示；曲线地段如图6-1-2所示。

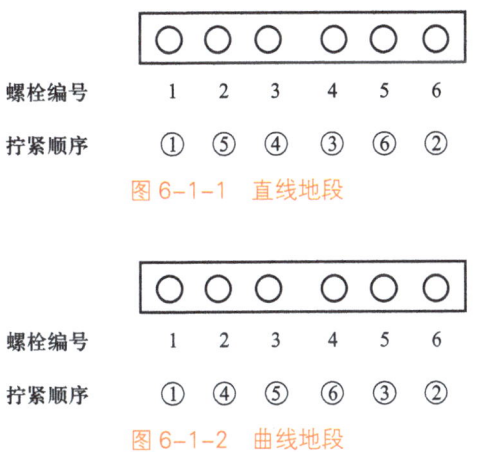

图6-1-1 直线地段

图6-1-2 曲线地段

3. 根据轨温情况，认真检查两端轨缝，必要时打紧防爬设备，锁定线路，防止打开接头后轨缝拉大影响联结。

4. 混凝土轨枕地段松动螺栓，把扣件板旋转90°。

5. 松接头螺栓时，使用加力扳手，两脚放在被卸螺帽的相对侧，站在轨道上，两脚相距300~400 mm，成90°角。两脚趾靠近夹板边缘，上体前屈。当扳手套住螺帽后，重心移到旋回方向的前脚，拧松螺栓。卸螺栓时左手在前，紧螺栓时右手在前，两手握柄用力旋转。

6. 卸接头螺栓时，使用活口扳手，前脚踏在轨枕上离轨底约 250 mm，后脚踏在后一根轨枕上离轨底约 50 mm。右手持把，左手支撑在钢轨面上，并以手指按住螺栓头部。卸下的螺栓和垫圈要放在固定位置上。

7. 除锈检查时，用钢丝刷及小扁铲除去夹板、钢轨孔周边及螺栓上的积锈、油垢，并认真检查钢轨及夹板有无伤损、裂纹。

8. 用油刷对螺栓丝扣全面涂油，螺栓杆也应少许涂油。

9. 向螺孔内穿入螺栓，加上垫圈，套上螺帽，初紧螺栓。

10. 待接头 6 个螺栓全部涂油后，使用加力扳手将接头螺栓全部复紧一遍，使扭力矩达到规定的标准。有错牙时，还应整冶错牙。

11. 用黄油或长效油脂在螺帽外的螺纹部位涂抹。

制 订 计 划

按照收集资讯和决策过程，制订接头螺栓涂油作业计划，计划包括施工准备、操作工艺流程及安全交底。

表 6-1-2　工作方案

步骤	工作内容	负责人

表 6-1-3　工具、耗材和器材清单

序号	名称	型号与规格	单位	数量	备注

表 6-1-4　人员分工

班级：	组号：	指导老师：	组长：
组员：			

任务分工	人员类型	人员数量	人员姓名
人员总计			

表 6-1-5　工时计划

作业流程	计划工时	实际工时	工时偏差
点名分工			
安全预想			
工机具检查			
设置防护			
上道作业			
作业质量回检			
合计			

表 6-1-6　成本核算

序号	名称	数量	单价	小计
1				
2				
3				
4				
5				
合计				

作 业 准 备

1. 点名与分工确认

表 6-1-7　点名签字表

序号	人员类型	作业职责	签字
1			
2			
3			
4			
备注		施工（作业）负责人确认无误□	

2. 安全预想

表 6-1-8 风险卡控

序号	主要风险点	卡控措施

3. 工机具检查

表 6-1-9　机具点检

机具名称	数量	是否无误	备注
		□	
		□	
		□	
		□	
		□	
	施工（作业）负责人确认无误□		

4. 防护准备

（1）非标螺栓或螺栓除锈后杆径磨耗或锈蚀超过_____mm 时应更换。
涂油时_____坐在钢轨上，也_____将手扶在轨缝上，防止钢轨伸缩夹伤手指。
（2）绝缘垫圈要装在_____（填写"贴靠"或"远离"）绝缘夹板一侧，不能装错。

（3）接头螺栓涂油不允许改变接头轨缝状态，必须做到"＿＿＿＿"，不允许＿＿＿＿同一接头的六只螺栓。但当遇到轨缝不良需要调整时，可根据情况采用＿＿＿＿只螺栓。

操 作 实 施

1. 作业任务

根据提示，分组对××铁路线上行区间电气化正线 K64—K16 钢轨接头处螺栓进行更换或者涂油。

小提示 Tips

作业流程如图 6-1-3 所示。

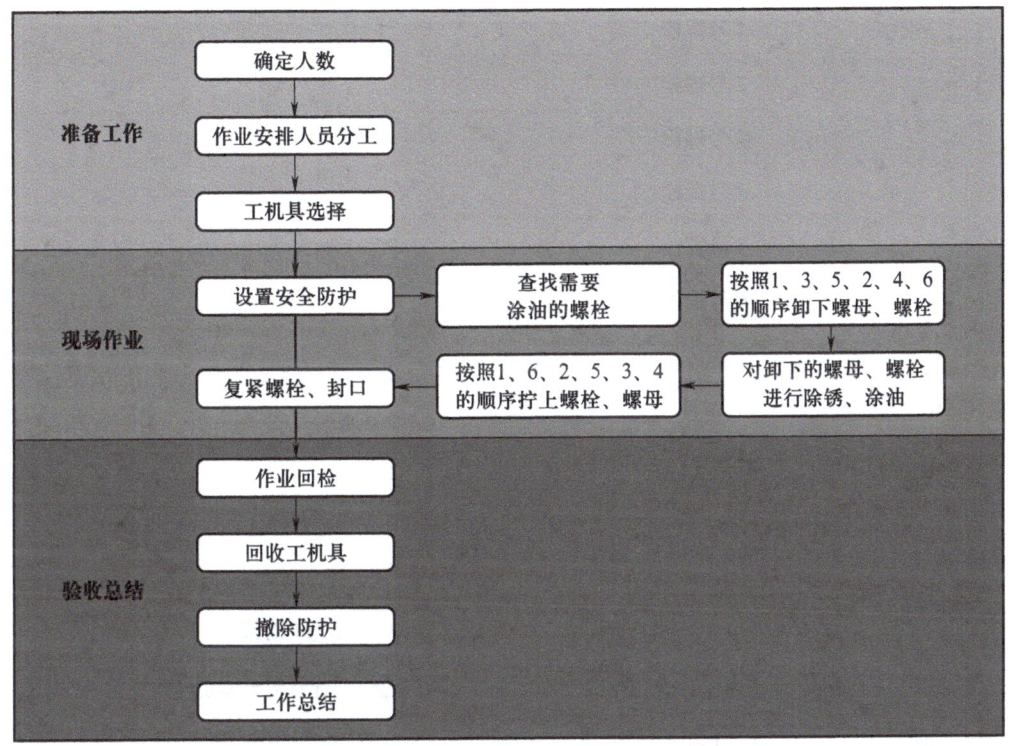

图 6-1-3　作业流程图

2. 现场作业

微课　螺栓涂油作业

3. 实操记录表

表 6-1-10　实操记录表

作业范围与内容		记录时间	
夹板编号	螺栓锈蚀情况	是否需要更换螺栓	螺栓紧固扭矩 /（N·m）
	1号螺栓		
	2号螺栓		
	3号螺栓		
	4号螺栓		
	5号螺栓		
	6号螺栓		
	1号螺栓		
	2号螺栓		
	3号螺栓		
	4号螺栓		
	5号螺栓		
	6号螺栓		

小提示 Tips

1. 普通线路接头螺栓扭矩标准

表 6-1-11　普通线路接头螺栓扭矩标准

项目	单位	25 m 钢轨
		最高、最低轨温差＞85℃
钢轨	kg/m	60 及以上
螺栓等级	—	10.9
扭矩	N·m	700
C 值	mm	6

注：① C 值为接头阻力及道床阻力限制钢轨自由伸缩的数值；
　　② 高强度绝缘接头螺栓扭矩不小于 700 N·m；
　　③ 摘自《普速铁路线路修理规则》（TG/GW 102—2019）。

2. 接头防松紧固件扭矩标准

表 6-1-12 接头防松紧固件扭矩标准

防松螺母类型	8 级	10 级	12 级
扭矩（N·m）	400~600	600~1 000	900~1 100

注：摘自《普速铁路线路修理规则》（TG/GW 102—2019）。

技 术 移 交

表 6-1-13 项目完成情况记录表

任务项目	关键要点	完成情况
任务资讯	任务单填写	□
	问题导引解答	□
制订计划	作业方案制订	□
	工机具选取	□
	人员分配	□
	成本核算	□
作业准备	安全预想	□
	人员机具检查	□
作业实施	作业实施	□
	作业记录	□

评 价 反 馈

表 6-1-14 学生自评表

任务	完成情况记录
任务是否按时完成	
相关理论完成情况	
技能训练情况	
任务完成情况	
任务创新情况	
材料上交情况	
有益的经验和做法	
总结、反思及建议	

模块六 连接零件作业

表 6-1-15　学生互评表

序号	评价项目	小组互评				
1	任务是否按时完成	5☐	4☐	3☐	2☐	1☐
2	材料完成上交情况	5☐	4☐	3☐	2☐	1☐
3	完成质量	5☐	4☐	3☐	2☐	1☐
4	语言表达能力	5☐	4☐	3☐	2☐	1☐
5	小组成员合作面貌	5☐	4☐	3☐	2☐	1☐
6	创新点	5☐	4☐	3☐	2☐	1☐
7	简要评述					

表 6-1-16　教师评分表

工序	作业步骤	配分	评分标准	扣分	得分
准备工作	1. 确定人数	5	小组点名，根据考勤情况打分。缺勤个人得分为零		
	2. 作业安排及人员分工	5	能合理分配小组作业人员。得分为作业人员正确率×5分基础分，计算至小数点后两位		
	3. 选择作业工机具和材料	15	选择正确的工机具及数量/总计需要选择的工机具及数量×15分基础分，计算至小数点后两位		
现场作业	1. 设置安全防护	55	正确步骤的总得分/所有操作步骤的总分×55分基础分，计算至小数点后两位		
	2. 查找螺栓				
	3. 松卸接头螺栓				
	4. 除锈、涂油				
	5. 上螺栓				
	6. 复紧螺栓				
	7. 封口				
验收总结	1. 作业回检	10	根据回检测量情况，判断作业是否正常。判断正确得分，错误不得分		

续表

工序	作业步骤	配分	评分标准	扣分	得分
验收总结	2. 回收工机具	10	已回收的工机具材料数量/总计需要选择回收的工机具材料数量 × 10 分基础分,计算至小数点后两位		
	3. 撤除防护	/	/		
	4. 工作总结	/	/		
合计					

表 6-1-17 教师评价表

序号	评价项目	自我评价	互相评价	教师评价	综合评价
1	学习准备				
2	引导问题填写				
3	规范操作				
4	完成质量				
5	关键操作要点掌握				
6	完成速度				
7	参与讨论主动性				
8	沟通协作				
9	待改善环节				

复盘：根据小组作业结果，小组讨论、分析有待改进之处及预防措施。

_____
_____
_____
_____

情景 2　更换接头夹板作业

情 景 导 引

接头作为轨道三大薄弱环节之一，在车辆荷载冲击下，极易导致轨道不平顺，破坏轨道结构的连续性，从而使钢轨掉块剥落、螺纹变形裂孔、夹板产生裂缝甚至折断，危及行车安全。

20××年2月8日22时38分,××铁路局货物列车以30 km/h速度运行在××站间时,机后第11至16位车辆在××隧道内脱轨。经调查,事故发生的直接原因是,××线K5+462 m处下行方向右股钢轨接头处的1#和2#夹板非金属夹杂物、1#夹板拉伸与硬度均不满足有关技术要求,导致两块夹板发生疲劳断裂。夹板断裂后,在车轮的冲击下引发与其相连接的60-50 kg/m异型轨折断并甩头,致使车辆运行至断轨处脱轨。事故发生的重要原因是,××局集团公司××工务段对再用夹板上线使用前未认真鉴定,上线使用后日常检修不到位。日常检修中应该对有伤损的夹板进行更换,找到标记的伤损钢轨,用活口扳手将接头螺栓拧松卸下;然后用撬棍插入夹板与轨腰之间卸下夹板;用钢刷对螺栓、螺母进行除锈,用毛刷对除锈后的螺栓、螺母进行涂油;在新夹板作用面上均匀涂油后将新夹板孔和钢轨孔串号对齐,按顺序安装螺栓、拧上螺母,最后用扭矩扳手复紧。

学 习 情 景

任务描述

20××年8月22日7时33分,××铁路局××工务段××干线车间保养工区班长带领本工区作业人员在下行线K912+900 m—K890+900 m(v_{max} > 160 km/h 正线,线路采用60 kg/m 钢轨,单根钢轨长25 m,最高与最低轨温差为50℃)处进行钢轨检查作业时发现K905+600 m处接头夹板有裂纹,已经严重磨损,已知K905+600 m处夹板为普通线路接头夹板,现需组织人员紧急更换接头夹板。

学习目标

【知识目标】
1. 掌握更换接头夹板的作业安全要求。
2. 掌握更换接头夹板的作业程序。
3. 掌握更换接头夹板的规范要求。
4. 了解螺栓的编号方法。

【能力目标】
1. 熟练掌握更换接头夹板作业程序。
2. 小组按作业安全要求合作完成更换接头夹板任务。
3. 正确地查找需要涂油的螺栓。
4. 能按正确的顺序对螺栓进行拆卸和安装。
5. 正确填报检查记录表,按规定进行任务的销记。

【素质目标】

1. 专业技能过硬,熟练掌握更换接头夹板的技术和流程。
2. 安全意识强烈,始终将安全放在首位,严格遵守安全规定。
3. 责任心强,认真对待每一个细节,确保作业质量。
4. 具有团队意识,与团队成员配合默契,高效完成作业任务。
5. 应变能力强,能够快速应对作业过程中出现的各种情况。
6. 注重细节,不放过任何一个可能影响铁路运行安全的问题。
7. 学习进取,不断学习新知识,提升自身能力,适应行业发展。

任 务 资 讯

表 6-2-1 派工单

接收人		编制		审核		日期	
使用车间名称				线名		行别	
盯岗干部				作业等级		天窗类型	
作业负责人		驻站联络员		现场防护员		远端防护员	
作业人员						合计	
其他人员							
防洪呼叫点				G网手机号			
施工(维修)安排		作业项目		工作量配置			
		车站或区间		计划出乘时间			
		封锁里程		计划封锁时间			
班会前结束人员签到		作业负责人				作业结束下道前作业负责人清点人员	
		驻站联络员					
		现场防护员					
		作业人员					
		车间盯岗干部					
作业完成情况总结							

（问题引导）

问题1:钢轨接头夹板的作用是什么?为什么钢轨接头夹板容易发生病害?

模块六　连接零件作业

问题2：简述更换接头夹板现场作业流程。

小提示 Tips

1. 钢轨接头夹板的作用是连接并夹紧两根钢轨，抵抗接头剪力，制止轨头错牙。钢轨接头本身结构薄弱，列车通过接头时冲击力很大，所以要求接头夹板上下必须与钢轨紧密贴合，并有足够的强度，接头夹板上下部均有斜坡，与轨底和轨头的斜坡一致。

2. 钢轨接头病害的产生，最根本的原因在于轨道接头存在轨道结构上的不连续和轨面的不平顺，这就导致轮轨之间产生较大的附加动力作用。过大的附加动力作用又促使不平顺的发展和附加动力的增长，同时也就促进了接头病害的发展。

3. 在封锁命令下达后，现场防护员执行"手比、眼看、口呼"，设置移动停车信号牌。

4. 除去被测量的钢轨表面的铁锈污物，将仪表吸附在钢轨表面，5 min 后可以读出仪表的数值，该数值即为钢轨的表面温度。需要连续测量时，可将温度计吸附在钢轨腰部位。

5. 用活口扳手将接头螺栓拧松，根据夹板所处位置不同，拆卸顺序会有变化，顺序错误不得分。

6. 卸夹板时用撬棍插入夹板与轨腰之间卸下夹板。

7. 用钢刷对螺栓、螺母进行除锈，用毛刷对除锈后的螺栓、螺母进行涂油。

8. 在扣件螺栓和新夹板作用面上均匀涂油，将新夹板孔和钢轨孔串号对齐。

9. 根据夹板所处位置不同，安装顺序会有变化；不得提前上紧螺母。

（1）直线地段

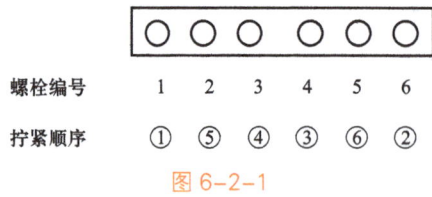

图 6-2-1

（2）曲线地段

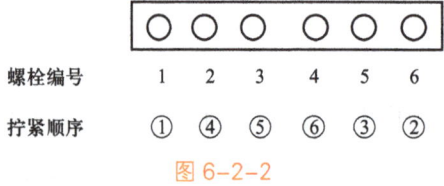

图 6-2-2

10. 将所有螺母复紧。
11. 摆正扣件,拧紧扣件螺栓。

制 定 计 划

按照收集资讯和决策过程,制订更换接头夹板计划,计划包括施工准备、操作工艺流程及安全交底。

表 6-2-2　工作方案

步骤	工作内容	负责人

表 6-2-3　工具、耗材和器材清单

序号	名称	型号与规格	单位	数量	备注

表 6-2-4　人员分工

班级:	组号:	指导老师:	组长:
组员:			

任务分工	人员类型	人员数量	人员姓名

续表

任务分工	人员类型	人员数量	人员姓名
人员总计			

表 6-2-5　工时计划

作业流程	计划工时	实际工时	工时偏差
点名分工			
安全预想			
工机具检查			
设置防护			
上道作业			
作业质量回检			
合计			

表 6-2-6　成本核算

序号	名称	数量	单价	小计
1				
2				
3				
4				
5				
合计				

作业准备

1. 点名与分工确认

表 6-2-7　点名签字表

序号	人员类型	作业职责	签字
1			
2			
3			
4			
备注		施工（作业）负责人确认无误□	

2. 安全预想

表 6-2-8　风险卡控

序号	主要风险点	卡控措施

3. 工机具检查

表 6-2-9　机具点检

机具名称	数量	是否无误	备注
施工（作业）负责人确认无误□			

4. 防护准备

（1）更换夹板后，接头轨面及轨距线内侧错牙均不得大于_____mm。

（2）换入夹板应与钢轨类型_____，联结要严密，作用良好。_____夹板必须安装在钢轨非工作边外侧。

模块六　连接零件作业

操 作 实 施

1. 作业任务

根据提示,分组对 K905+600 m 处接头夹板进行更换。

2. 现场作业

微课　更换接头夹板作业流程及操作要点

3. 实操记录表

表 6-2-10　实操记录表

作业范围		记录时间		作业内容	
项目		作业前	作业后	线路类型	
轨距(mm)					
水平(mm)				核查人员	
高低(mm)					
轨向(直线)(mm)				作业负责人	
三角坑	缓和曲线(mm)			是否符合作业要求□	
	直线和圆曲线(mm)				
接头螺栓紧固扭矩(N·m)					

小提示 Tips

1. 作业流程如图 6-2-3 所示,《普速铁路线路修理规划》(TG/GW 102—2019)作业回检要求如表 6-2-11 所示。

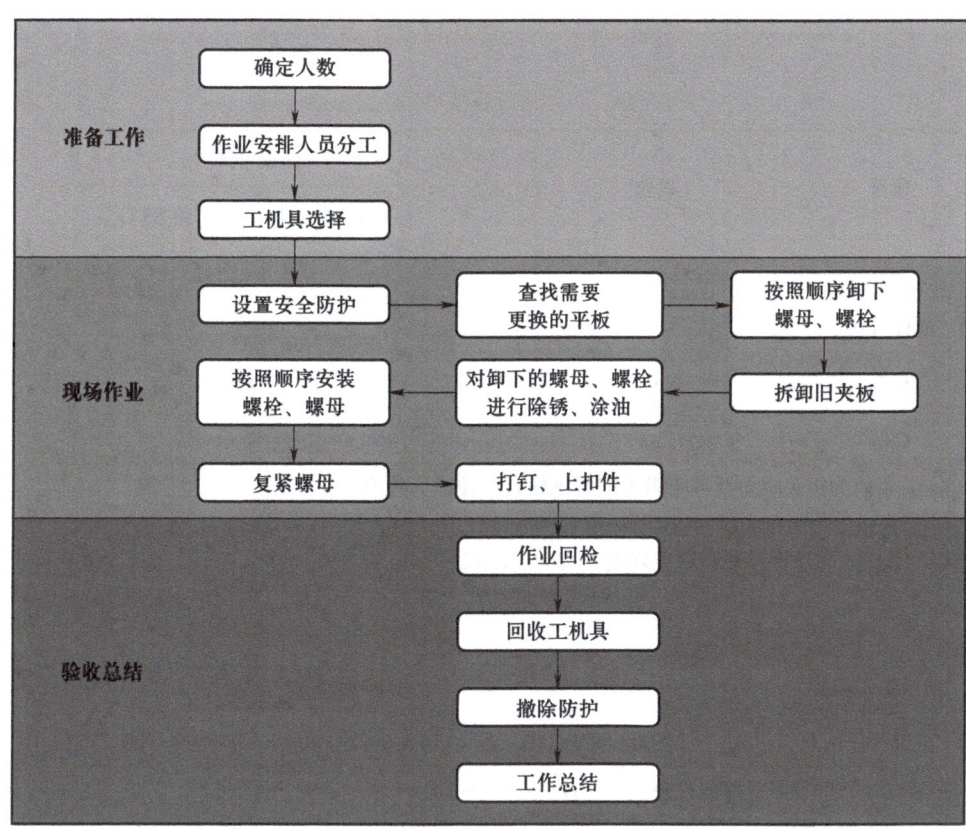

图 6-2-3 作业流程图

表 6-2-11 《普速铁路线路修理规则》(TG/GW 102—2019)作业回检要求。

项目		160 km/h < v_{max} 正线			
		作业验收	计划维修	临时补修	限速(160 km/h)
轨距		+2 −2	+4 −3	+6 −4	+8 −6
水平		3	5	8	10
高低		3	5	8	11
轨向(直线)		3	4	7	9
三角坑	缓和曲线	3	4	5	6
	直线和圆曲线	3	4	6	8

模块六 连接零件作业

2. 普通线路接头螺栓、接头防松紧固件扭矩标准如表所示。

表 6-2-12　普通线路接头螺栓扭矩标准

项目	单位	25 m 钢轨 最高、最低轨温差≤差 85℃
钢轨	kg/m	60 及以上
螺栓等级	—	10.9
扭矩	N·m	500
C 值	mm	4

注：① C 值为接头阻力及道床阻力限制钢轨自由伸缩的数值；
　　② 高强度绝缘接头螺栓扭矩不小于 700 N·m；
　　③ 摘自《普速铁路线路修理规则》（TG/GW 102—2019）。

表 6-2-13　接头防松紧固件扭矩标准

防松螺母类型	8 级	10 级	12 级
扭矩（N·m）	400～600	600～1 000	900～1 100

注：摘自《普速铁路线路修理规则》（TG/GW 102—2019）。

技 术 移 交

表 6-2-14　项目完成情况记录表

任务项目	关键要点	完成情况
任务资讯	任务单填写	
	问题导引解答	
制订计划	作业方案制定	
	工机具选取	
	人员分配	
	成本核算	
作业准备	安全预想	
	人员机具检查	
作业实施	作业实施	
	作业记录	

评 价 反 馈

表 6-2-15 学生自评表

任务	完成情况记录
任务是否按时完成	
相关理论完成情况	
技能训练情况	
任务完成情况	
任务创新情况	
材料上交情况	
有益的经验和做法	
总结、反思及建议	

表 6-2-16 学生互评表

序号	评价项目	小组互评				
1	任务是否按时完成	5□	4□	3□	2□	1□
2	材料完成上交情况	5□	4□	3□	2□	1□
3	完成质量	5□	4□	3□	2□	1□
4	语言表达能力	5□	4□	3□	2□	1□
5	小组成员合作面貌	5□	4□	3□	2□	1□
6	创新点	5□	4□	3□	2□	1□
7	简要评述					

表 6-2-17 教师评分表

工序	作业步骤	配分	评分标准	扣分	得分
准备工作	1. 确定人数	5	小组点名,根据考勤情况打分。缺勤个人得分为零		
	2. 作业安排及人员分工	5	能合理分配小组作业人员。得分为作业人员正确率×5分基础分,计算至小数点后两位		
	3. 选择作业工机具和材料	15	选择正确的工机具及数量/总计需要选择的工机具及数量×15分基础分,计算至小数点后两位		

续表

工序	作业步骤	配分	评分标准	扣分	得分
现场作业	1. 设置安全防护	55	正确步骤的总得分/所有操作步骤的总分×55分基础分,计算至小数点后两位		
	2. 查找需要更换的平板				
	3. 按顺序卸下螺母、螺栓				
	4. 拆卸旧夹板				
	5. 对卸下的螺母、螺栓进行除锈、涂油				
	6. 按顺序安装螺栓、螺母				
	7. 复紧螺母				
	8. 打钉,上扣件				
验收总结	1. 作业回检	10	根据回检测量情况,判断作业是否正常。判断正确得分,错误不得分		
	2. 回收工机具	10	已回收的工机具材料数量/总计需要选择回收的工机具材料数量×10分基础分,计算至小数点后两位		
	3. 撤除防护	/	/		
	4. 工作总结	/	/		
合计					

表 6-2-18 教师评价表

序号	评价项目	自我评价	互相评价	教师评价	综合评价
1	学习准备				
2	引导问题填写				
3	规范操作				
4	完成质量				
5	关键操作要点掌握				
6	完成速度				
7	参与讨论主动性				
8	沟通协作				
9	待改善环节				

复盘：根据小组作业结果，小组讨论、分析有待改进之处及预防措施。

_____
_____
_____
_____
_____
_____

模块七 动基础作业

情景 1　单根轨枕更换作业

情 景 导 引

20××年9月17日上午,一列货物列车正以60 km/h的速度行驶在××铁路局××工务段管辖的××线××至××区间段正线下行线上。

当天,××铁路局××工务段××工区正利用列车行进间隔对××区段的××线进行抽换轨枕的作业。作业从7时整开始进行,当接近9时的时候作业至××线下行正线K559+190 m处时,参加作业的农民工为图省事使用起道机将铁轨抬起,连续换下了线路下的若干条轨枕,准备一并更换并捣实(按照规定最多连续抽出2根旧轨枕,但实际上抽出的轨枕数目远大于2根)。

8时56分,工长黄某得知21005次列车将在9时02分正线通过施工线路区域,当即下令停止作业离开线路,所有施工人员在8时59分携带施工设备和工具全部离开线路待避21005次列车。

9时02分,当21005次列车以60 km/h的速度(规定的施工路段的通过限速时速为45 km/h,但当天的施工未报运输部门审批,施工地段也没有设置明显的慢行和限速标志)行进至××线××至××区间段下行正线K559+190 m处时,列车发生脱轨。

事故一共造成××线上、下行上总共600 m的线路损坏,报废车厢15辆,中破车厢3辆,小破车厢1辆,××线上行正线行车中断14小时又47分钟,下行正线行车中断24小时又18分钟。构成一起货物列车脱轨重大事故。

事故由铁道部安全监察司,××铁路局安全检查室等部门组成的联合调查组负责调查。

经过调查,调查组认定这次脱轨重大事故的直接原因是:负责抽换轨枕作业的××工务段××工区工长等工务作业人员违章利用列车间隔时间连续抽换轨枕,导致事故发生地段道床不实、轨枕空吊,线路几何尺寸发生变化,轨道结构稳定性被破坏。

这起行车重大事故被列为××铁路局工务部门责任事故,由××工务段负全部责任。事故主要责任人为××工务段××线路工区工长黄某,事故直接责任人为××工务段××线路工区线路工陈某。××铁路局对事故直接和间接责任者9人进行了严肃查处。

学 习 情 景

任务描述

20××年4月7日23时55分,××次重联动车组列车正点到站。4月8日0时26分,动车组进入动车运用所进行一级修,避免轨枕因长期风吹雨淋而不符合相关规定。工区需进行作业维修,对此处钢轨轨枕进行更换作业,使其满足线路要求,保证列车运行安全。

学习目标

【知识目标】

1. 掌握轨枕失效的判断依据。
2. 了解轨枕更换的作业程序。
3. 认识轨枕更换的规范要求。

【能力目标】

1. 熟练判识失效钢轨。
2. 小组按作业安全要求合作完成轨枕更换作业任务。
3. 正确阐述轨枕更换的注意事项和流程。

【素质目标】

1. 具有健全的体魄、良好的心理素质。
2. 具有良好职业道德,具备遵纪守法、爱岗敬业、吃苦耐劳、团队协作、不断学习的精神,具有开发自身潜能、适应岗位变更、自主创新创业的能力。
3. 具有较强的沟通协调、情绪调节、环境适应、信息处理、分析总结、组织规划的能力。
4. 具有严格按照相关规范操作的意识。

任 务 资 讯

表 7-1-1　派工单

接收人		编制		审核		日期	
使用车间名称				线名		行别	
盯岗干部				作业等级		天窗类型	
作业负责人		驻站联络员		现场防护员		远端防护员	
作业人员						合计	
其他人员							
防洪呼叫点				G 网手机号			
施工（维修）安排		作业项目		工作量配置			
		车站或区间		计划出乘时间			
		封锁里程		计划封锁时间			
班会前结束人员签到		作业负责人		作业结束下道前作业负责人清点人员			
		驻站联络员					
		现场防护员					
		作业人员					
		车间盯岗干部					
作业完成情况总结							

（问题引导）

问题1：本次作业应满足什么作业条件？请简单描述。

_____

_____

问题2：单根更换木枕需要哪些工机具？

_____

问题3：简述单根更换木枕现场作业流程。

小提示 Tips

应保持正线及到发线接头轨枕无失效，其他处所无连续失效（含岔枕）。轨枕失效及混凝土枕严重伤损标准如下。

1. 轨枕失效标准

1）混凝土枕（含混凝土宽枕、混凝土岔枕及短轨枕）

（1）明显折断。

（2）纵向通裂。

① 挡肩顶角处缝宽大于 1.5 mm。

② 纵向水平裂缝基本贯通（缝宽大于 0.5 mm）。

（3）横裂（或斜裂）接近环状裂纹（残余裂缝宽度大于 0.5 mm 或长度超过 2/3 枕高）。

（4）挡肩破损，接近失去支承能力（破损长度超过挡肩长度的 1/2）。

（5）严重掉块，影响钢轨或扣件正常安装及使用，或影响轨枕其他正常使用功能。

2）木枕（含木岔枕）

（1）腐朽失去承压能力，钉孔腐朽无处改孔，不能持钉。

（2）折断或拼接的接合部分离，不能保持轨距。

（3）机械磨损，经削平或除去腐朽木质后，允许速度大于 120 km/h 的线路，其厚度不足 140 mm，其他线路不足 100 mm。

（4）劈裂或其他伤损，不能承压、持钉。

2. 混凝土枕严重伤损标准

（1）横裂裂缝长度为枕高的 1/2~2/3。

（2）纵裂。

① 两螺栓孔间纵裂（挡肩顶角处缝宽不大于 1.5 mm）。

② 纵向水平裂缝基本贯通（缝宽不大于 0.5 mm）。

（3）挡肩破损长度为挡肩长度的 1/3~1/2。

（4）严重网状龟裂和掉块。

（5）承轨槽压溃，深度超过 2 mm。

（6）钢筋（或钢丝）外露（钢筋未锈蚀，长度超过 100 mm）。

（7）斜裂长度为枕高的 1/2~2/3。

3. 木枕使用规定

（1）木枕宽面在下，顶面与底面同宽时，应使树心一面向下。

（2）接头处应使用质量较好的木枕。

（3）木枕铺设前应捆扎。

（4）使用新木枕，应预先钻孔，孔径 12.5 mm，有铁垫板时孔深应为 110 mm，无铁垫板时孔深应为 130 mm。使用螺纹道钉时，应比照普通道钉办理。

（5）改道用的道钉孔木片规格应为长 110 mm、宽 15 mm、厚 5~10 mm，并应经过防腐处理。

制 订 计 划

按照收集资讯和决策过程，制订单根更换轨枕作业计划，计划包括施工准备、操作工艺流程及安全交底。

表 7-1-2　工作方案

步骤	工作内容	负责人

表 7-1-3　工具、耗材和器材清单

序号	名称	型号与规格	单位	数量	备注

表 7-1-4 人员分工

班级:		组号:		指导老师:		组长:	
组员:							

任务分工	人员类型	人员数量	人员姓名
人员总计			

表 7-1-5 工时计划

作业流程	计划工时	实际工时	工时偏差
点名分工			
安全预想			
工机具检查			
设置防护			
现场作业			
作业质量回检			
回收材料并撤除防护			
合计			

表 7-1-6 成本核算

序号	名称	数量	单价	小计
1				
2				
3				
4				
合计				

作 业 准 备

1. 点名与分工确认

表 7-1-7　点名签字表

序号	人员类型	作业职责	签字
1			
2			
3			
4			
备注		施工（作业）负责人确认无误□	

2. 安全预想

表 7-1-8　风险卡控

序号	主要风险点	卡控措施

3. 工机具检查

表 7-1-9　机具点检

机具名称	数量	是否无误	备注
		□	
		□	
		□	
		□	
		□	
施工（作业）负责人确认无误□			

4. 防护准备

针对本次作业，需按照规定进行防护设置。

（1）严格执行_____制度。

（2）防护员防护距离不超过_____m。

（3）注意临线车辆动态，必要时停止作业或及时下道，两线间严禁_____。

（4）跨越线路时严格执行"_____、_____、_____、_____"制度和"_____、_____、_____"制度。

（5）严格执行轨温检测制度，防止_____作业。

（6）作业过程中严禁将工机具放置在_____或钢轨引入线上、两线间，以防联电。

操 作 实 施

1. 作业任务

分组完成单根更换轨枕作业。

小提示 Tips

作业流程如图 7-1-1 所示。

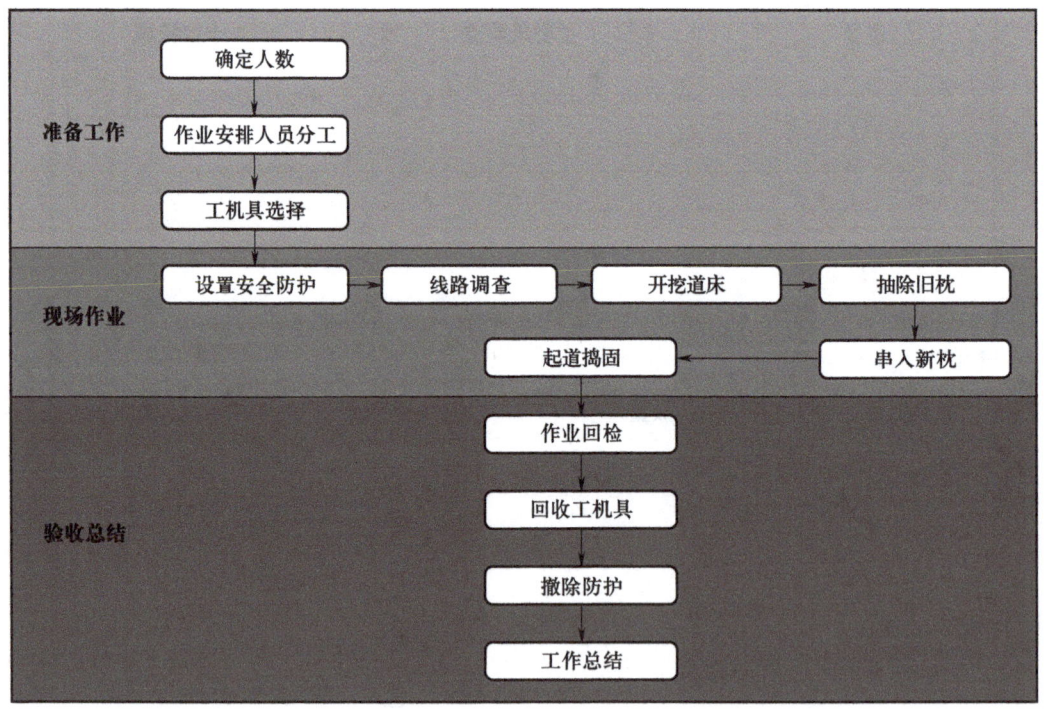

图 7-1-1　作业流程图

2. 现场作业

微课 单根更换轨枕作业流程及操作要点

3. 实操记录表

表 7-1-10 实操记录表

作业地点：	
带班人： 作业时间：	

工作内容	卡控关键
设置防护	确认防护已设好□
清理机具	检查起道机、冲击镐，严禁带病上道□ 确认工具、材料、信号备品齐全良好□
线路调查	测量轨温，校核道尺□ 标划失效枕□
新枕到位	放置稳固合适不侵限□ 螺杆攻丝涂油□
开挖道床	清渣、泥渣分离□ 开挖深度满足抽旧枕□
抽除旧枕	整平枕底比原枕底低 20 mm □ 抽出旧枕放路肩□
串入新枕	新枕位置正确□ 上满道碴□ 上齐扣件并复紧□
起道捣固	先串实，冲击镐排镐捣固□
质量回检	枕底无空吊□ 轨距、水平前后一致□
清理机具	清理料具到限界外□

技 术 移 交

表 7-1-11　项目完成情况表

任务项目	关键要点	完成情况
任务资讯	任务单填写	☐
	问题导引解答	☐
制订计划	作业方案制订	☐
	工机具选取	☐
	人员分配	☐
	成本核算	☐
作业准备	安全预想	☐
	人员机具检查	☐
操作实施	作业实施	☐
	作业记录	☐

评 价 反 馈

表 7-1-12　学生自评表

任务	完成情况记录
任务是否按时完成	
相关理论完成情况	
技能训练情况	
任务完成情况	
任务创新情况	
材料上交情况	
有益的经验和做法	
总结、反思及建议	

表 7-1-13 学生互评表

序号	评价项目	小组互评				
1	任务是否按时完成	5☐	4☐	3☐	2☐	1☐
2	材料完成上交情况	5☐	4☐	3☐	2☐	1☐
3	完成质量	5☐	4☐	3☐	2☐	1☐
4	语言表达能力	5☐	4☐	3☐	2☐	1☐
5	小组成员合作面貌	5☐	4☐	3☐	2☐	1☐
6	创新点	5☐	4☐	3☐	2☐	1☐
7	简要评述					

表 7-1-14 教师评分表

工序	作业步骤	配分	评分标准	扣分	得分
准备工作	1. 确定人数	5	小组点名,根据考勤情况打分。缺勤个人得分为零		
	2. 作业安排及人员分工	5	能合理分配小组作业人员。得分为作业人员正确率×5分基础分,计算至小数点后两位		
	3. 工机具准备及检查	15	选择正确的工机具及数量/总计需要选择的工具及数量×15分基础分,计算至小数点后两位		
现场作业	1. 设置安全防护	55	正确步骤的总得分/所有操作步骤的总分×55分基础分,计算至小数点后两位		
	2. 测量轨温				
	3. 复查换轨处所				
	4. 拆除轨道加强设备				
	5. 扒砟				
	6. 起钉、撤垫板				
	7. 抽除旧枕				
	8. 清理轨底				
	9. 串入新枕				
	10. 安装铁垫板				

续表

工序	作业步骤	配分	评分标准	扣分	得分
现场作业	11. 钻孔打钉		正确步骤的总得分/所有操作步骤的总分×55分基础分,计算至小数点后两位		
	12. 捣固作业				
	14. 恢复轨道加强设备				
	15. 回填整平道床				
验收总结	1. 作业回检	10	根据回检测量情况,判断作业是否正常。判断正确得分,错误不得分		
	2. 回收工机具	10	已回收的工机具材料数量/总计需要选择的回收的工机具材料数量×10分基础分,计算至小数点后两位		
	3. 撤除防护	/	/	/	/
	4. 工作总结	/	/	/	/
合计					

表 7-1-15 教师评价表

序号	评价项目	自我评价	互相评价	教师评价	综合评价
1	学习准备				
2	引导问题填写				
3	规范操作				
4	完成质量				
5	关键操作要点掌握				
6	完成速度				
7	参与讨论主动性				
8	沟通协作				
9	待改善环节				

复盘:根据小组作业结果,小组讨论、分析有待改进之处及预防措施。

_____
_____
_____
_____
_____
_____

情景2　线路清筛及换砟作业

情景导引

20××年4月6日17时38分,因××电务段施工前电缆排干不到位,导致××工务机械段05606清筛车作业至××下行线××站内Ⅰ道K798+260 m处,将15根信号电缆挖断,造成××站下行咽喉轨道电路红光带、道岔无表示、信号机灭灯,及××至××上行线4架信号机、下行6架信号机灭灯及其防护轨道区段红光带。经电务人员处理,4月7日1时17分设备恢复正常,构成铁路交通一般D9事故。

经调查,该事故的主要原因是:在××站内Ⅰ道南侧K798+260 m处信号电缆埋设不符合标准的情况下,××电务段没有进行现场复核确认并进行电缆排干,导致侵限的信号电缆被清筛机挖断。

该事故暴露出的问题如下:

(1)施工源头质量验收把关不到位。一是电缆径路位置及电缆埋深不符合标准。该信号电缆于20××年电气化改造敷设,电缆埋深300 mm,违反《普速铁路信号维护规则》第17.1.8条"电缆埋设深度,站内一般不小于700 mm"的规定。电缆径路距下行线Ⅰ道钢轨外侧820 mm,违反《铁路信号工程施工质量验收标准》第5.3.3条"光电缆与其他线缆、设施的间距及防护应符合以下规定:在线路中间时,距钢轨外侧水平距离不得小于1.6 m,当线间距为4.5 m时,不得小于1.5 m"的规定;二是电缆标桩与实际电缆不符。现场勘查发现,距断点西侧40 m处有一个信号电缆标桩,标桩距实际电缆位置1.5 m,电缆距Ⅰ道钢轨外侧1.2 m。距断点东侧27 m处有一电缆标桩,此电缆标桩符合标准,在电缆径路上且距Ⅰ道钢轨外侧3.19 m。

(2)未对侵限的信号电缆进行排干。14根信号电缆作用为××站××方面咽喉区9组道岔、14个轨道电路、14架信号机及对××方向区间9架信号机、10个区间轨道区段的主干电缆,位于Ⅰ、3道间,电缆径路上标桩齐全,但电缆标桩不在电缆径路上,断点部位与整条径路不在一条直线上。拐弯后距Ⅰ道钢轨外侧820 mm,该处既没有电缆标志也没有拐点标,电务段主观臆测电缆标桩与电缆径路一致,没有对侵限的电缆进行排干。

学习情景

任务描述

20××年2月8日22时38分，××铁路局货物列车以30 km/h速度运行在××站间时，机后第11至16位车辆在××隧道内脱轨。经调查，××线K5+462 m处下行方向右股钢轨接头处的1#和2#夹板非金属夹杂物、1#夹板拉伸与硬度均不满足有关技术要求。工区需及时进行作业维修，更换伤损夹板，消除线路接头病害，保证车辆行车安全。

学习目标

【知识目标】

1. 掌握道床脏污的判断依据。
2. 了解线路清筛换砟以及清挖翻浆的作业程序。
3. 认识线路清筛换砟以及清挖翻浆作业的规范要求。

【能力目标】

1. 熟练判识失效钢轨。
2. 小组按作业安全要求合作完成线路清筛换砟作业任务．
3. 正确阐述线路清筛换砟作业的注意事项和流程。

【素质目标】

1. 具有健全的体魄、良好的心理素质。
2. 具有良好职业道德，具备遵纪守法、爱岗敬业、吃苦耐劳、团队协作、不断学习的精神，具有开发自身潜能、适应岗位变更、自主创新创业的能力。
3. 具有较强的沟通协调、情绪调节、环境适应、信息处理、分析总结、组织规划的能力。
4. 具有严格按照相关规范操作的意识。

任务资讯

表 7-2-1　派工单

接收人		编制		审核		日期	
使用车间名称				线名		行别	
盯岗干部				作业等级		天窗类型	
作业负责人		驻站联络员		现场防护员		远端防护员	
作业人员						合计	
其他人员							
防洪呼叫点				G网手机号			
施工(维修)安排	作业项目			工作量配置			
	车站或区间			计划出乘时间			
	封锁里程			计划封锁时间			
班会前结束人员签到	作业负责人			作业结束下道前作业负责人清点人员			
	驻站联络员						
	现场防护员						
	作业人员						
	车间盯岗干部						
作业完成情况总结							

（问题引导）

问题1：线路清筛及换砟需要哪些工机具？

_____

_____

问题2：简述线路清筛及换砟现场作业流程。

_____

_____

_____

> **小提示 Tips**

道床顶面宽度及边坡坡度应符合表 7-2-2 的规定。

表 7-2-2　道床顶面宽度及边坡坡度

线路类别			顶面宽度（m）	曲线外侧加宽（m）		砟肩堆高（m）	边坡坡度
				半径	加宽		
正线	无缝线路	$v_{max} > 160$ km/h	3.5	—	—	0.15	1:1.75
		$v_{max} \leq 160$ km/h	3.4	≤ 800	0.10	0.15	1:1.75
	普通线路	$100 < v_{max} \leq 120$ km/h	3.1	≤ 600	0.10	—	1:1.75
		$v_{max} \leq 100$ km/h	3.0	≤ 600	0.10	—	1:1.75
站线	无缝线路	Ⅲ型混凝土枕	3.4	≤ 600	0.10	0.15	1:1.75
		其他轨枕	3.3				
	普通线路	Ⅲ型混凝土枕	3.0	—	—	—	1:1.5
		其他轨枕	2.9				

注：摘自《普速铁路线路修理规则》（TG/GW 102—2019）。

轨底处道床顶面应低于轨枕顶面 20~30 mm。Ⅰ型混凝土枕中部道床应掏空，其顶面低于枕底不得小于 20 mm，长度应为 200~400 mm；Ⅱ型和Ⅲ型混凝土枕中部道床应填平，并不高于轨枕顶面。

制 订 计 划

按照收集资讯和决策过程，制订线路清筛及换砟作业计划，计划包括施工准备、操作工艺流程及安全交底。

表 7-2-3　工作方案

步骤	工作内容	负责人

表 7-2-4 工具、耗材和器材清单

序号	名称	型号与规格	单位	数量	备注

表 7-2-5 人员分工

班级:	组号:	指导老师:	组长:
组员:			
任务分工	人员类型	人员数量	人员姓名
人员总计			

表 7-2-6 工时计划

作业流程	计划工时	实际工时	工时偏差
点名分工			
安全预想			
工机具检查			
设置防护			
现场作业			
作业质量回检			
回收材料并撤除防护			
合计			

表 7-2-7　成本核算

序号	名称	数量	单价	小计
1				
2				
3				
4				
合计				

作 业 准 备

1. 点名与分工确认

表 7-2-8　点名签字表

序号	人员类型	作业职责	签字
1			
2			
3			
4			
备注		施工（作业）负责人确认无误□	

2. 安全预想

表 7-2-9　风险卡控

序号	主要风险点	卡控措施

3. 工机具检查

表 7-2-10　机具点检

机具名称	数量	是否无误	备注
		☐	
		☐	
		☐	
		☐	
		☐	
施工（作业）负责人确认无误☐			

4. 防护准备

针对本次作业，需按照规定进行防护设置，在封锁命令下达后，现场防护员执行"＿＿＿＿、＿＿＿＿、＿＿＿＿"，设置＿＿＿＿。

在电气化区段作业时，不得＿＿＿＿。作业过程中按要求使用佩戴劳保用品，多人作业时，保持安全距离，防止工具伤人。严禁在双线铁路线间摆放机具材料。作业人员上道作业或穿越线路，必须执行"手比、眼看、口呼"的规定。卸、紧螺栓时，不得＿＿＿＿或＿＿＿＿在钢轨上，只能站在钢轨一侧进行作业，作业人员必须站稳，防止扳手滑动，摔倒伤人。

操 作 实 施

1. 作业任务

分组完成铁路线路清筛及换砟作业。

小提示 Tips

1. 作业流程如图 7-2-1 所示。

模块七　动基础作业

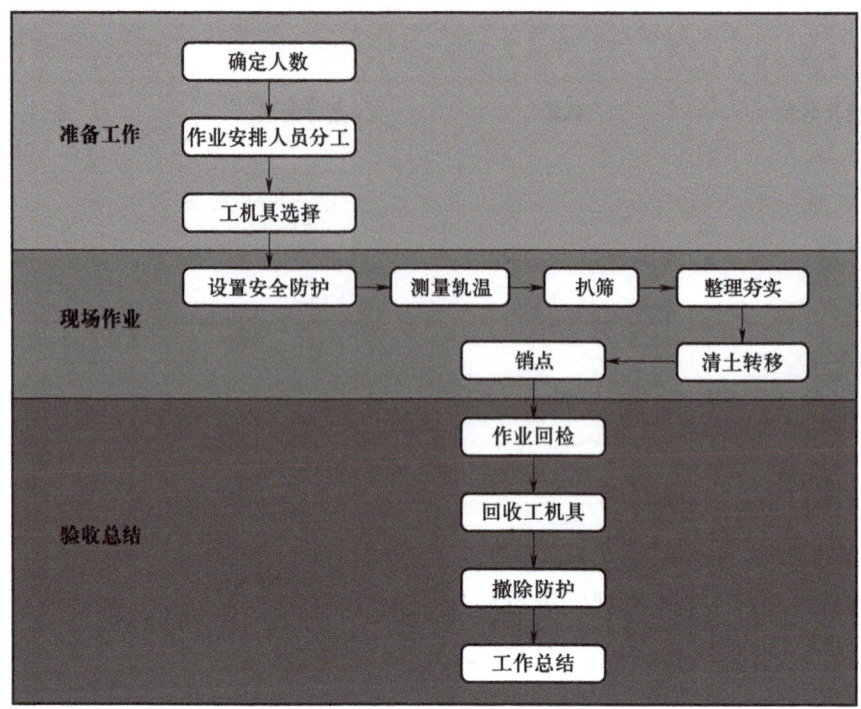

图 7-2-1 作业流程

2. 现场作业

微课 线路清筛及换砟作业流程及操作要点

3. 实操记录

表 7-2-11 实操记录表

作业地点：	
带班人：	
作业时间：	
工作内容	卡控关键
设置防护	确认防护已设好□
清理机具	确认工具、材料、信号备品齐全良好□
测量轨温	测量轨温，校核道尺□
扒筛	枕下破底、筛通□

续表

整理夯实	夯实整平□	
清土转移	筛除的碎石污土按公司要求及时转移到相应场所□	
销点	放行线路达到放行条件□ 按要求清理料具□ 撤除防护□	
质量回检	枕底无空吊□ 几何尺寸达标□	
清理机具	清理料具到限界外□	

技 术 移 交

表 7-2-12 项目完成情况表

任务项目	关键要点	完成情况
任务资讯	任务单填写	□
	问题导引解答	□
制订计划	作业方案制订	□
	工机具选取	□
	人员分配	□
	成本核算	□
作业准备	安全预想	□
	人员机具检查	□
操作实施	作业实施	□
	作业记录	□

评 价 反 馈

表 7-2-13 学生自评表

任务	完成情况记录
任务是否按时完成	
相关理论完成情况	
技能训练情况	

续表

任务	完成情况记录
任务完成情况	
任务创新情况	
材料上交情况	
有益的经验和做法	
总结、反思及建议	

表 7-2-14　学生互评表

序号	评价项目	小组互评				
1	任务是否按时完成	5 □	4 □	3 □	2 □	1 □
2	材料完成上交情况	5 □	4 □	3 □	2 □	1 □
3	完成质量	5 □	4 □	3 □	2 □	1 □
4	语言表达能力	5 □	4 □	3 □	2 □	1 □
5	小组成员合作面貌	5 □	4 □	3 □	2 □	1 □
6	创新点	5 □	4 □	3 □	2 □	1 □
7	简要评述					

表 7-2-15　教师评分表

工序	作业步骤	配分	评分标准	扣分	得分
准备工作	1. 确定人数	5	小组点名,根据考勤情况打分。缺勤个人得分为零		
	2. 作业安排及人员分工	5	能合理分配小组作业人员。得分为作业人员正确率×5分基础分,计算至小数点后两位		
	3. 工机具准备及检查	15	选择正确的工机具及数量/总计需要选择的工机具及数量×15分基础分,计算至小数点后两位		
现场作业	1. 设置安全防护 2. 测量轨温 3. 扒筛 4. 整理夯实 5. 清土转移 6. 销点	55	正确步骤的总得分/所有操作步骤的总分×55分基础分,计算至小数点后两位		

续表

工序	作业步骤	配分	评分标准	扣分	得分
验收总结	1. 作业回检	10	根据回检测量情况,判断作业是否正常。判断正确得分,错误不得分		
	2. 回收工机具	10	已回收的工机具材料数量/总计需要选择的回收的工机具材料数量×10分基础分,计算至小数点后两位		
	3. 工作总结	/	/	/	/
合计					

表 7-2-16 教师评价表

序号	评价项目	自我评价	互相评价	教师评价	综合评价
1	学习准备				
2	引导问题填写				
3	规范操作				
4	完成质量				
5	关键操作要点掌握				
6	完成速度				
7	参与讨论主动性				
8	沟通协作				
9	待改善环节				

复盘:根据小组作业结果,小组讨论、分析有待改进之处及预防措施。

_____
_____
_____
_____

参考文献

[1] F. 劳瑞尔. 学习领域课程开发手册[M]. 北京：高等教育出版社，2018.

[2] 姜大源. 当代德国职业教育主流教学思想研究[M]. 北京：清华大学出版社，2007.

[3] 姜大源. 职业教育要义[M]. 北京：北京师范大学出版社，2017.

[4] 蔡跃. 职业教育活页式教材开发指导手册[M]. 上海：华东师范大学出版社，2020.

[5] 广州铁路（集团）公司工务处. 普速铁路工务线路作业指导书[M]. 北京：中国铁道出版社，2015.

[6] 中国铁路成都局集团有限公司. 普速铁路行车组织规则[M]. 北京：中国铁道出版社，2018.

[7] 荣佑范. 铁路线路维修与大修[M]. 北京：中国铁道出版社，2006.

[8] 李明华. 铁道工务[M]. 北京：中国铁道出版社，2006.

[9] 郑松富，连一平，史小薇. 电气化铁路安全常识问答[M]. 3版. 北京：中国铁道出版社，2009.

[10] 中铁第一勘察设计院集团有限公司. 铁路线路设计规范：TB 10098—2017[S]. 北京：中国铁道出版社，2017.

[11] 中国铁路总公司. 普速铁路线路修理规则：TG/GW 102—2019[S]. 北京：中国铁道出版社，2019.

[12] 中国国家铁路集团有限公司. 普速铁路工务安全规则：铁工电〔2023〕54号[S]. 北京：中国铁道出版社，2023.

[13] 佘贵川，曾孟彬. 大型养路机械运用管理[M]. 北京：中国铁道出版社，2008.

[14] 范钦爱，苏志新. 提速道岔的铺设与养护[M]. 北京：中国铁道出版社，2007.

[15] 张雨潇，时瑾，倪国华，等. 有砟轨道捣固作业起道方案的综合修正方法[J]. 西南交通大学学报，2023，58（6）：1347-1356.

[16] 郝世明. 太中线单元岔区指导人工起拨道作业方法[J]. 四川建材，2022，48（08）：104-105+107.

[17] 方家. 人工捣固作业对有砟轨道的作用研究[D]. 北京：北京交通大学，2023.

[18] 王众保. 有砟轨道捣固与稳定作业参数优化及评价方法研究[D]. 北京：中国铁道科学研究院，2021.

[19] 刘攀,曲建军,文煦,等.基于大型捣固车作业兑现率的精捣方案优化方法[J].铁道建筑,2023,63(3):30-34.

[20] 时瑾,张雨潇,楼梁伟,等.新建高速铁路有砟轨道精捣作业环节改进及效果[J].中国铁道科学,2021,42(6):8-17.

[21] 梁国栋.道岔捣固车上的数字化精确捣固法运用[J].技术与市场,2020,27(2):94-95.